LES

DUCHESSES D'ORLÉANS.

Sèvres.—Imprimerie de M. CERF, rue Royale, 144.

Lith de Thierry frères.

LES
DUCHESSES D'ORLÉANS

PAR

Mme CLAIRE PELLEPORT,

NÉE GUTTIN.

Paris,

CHARLES BORRANI, LIBRAIRE-ÉDITEUR,
7, Rue des Saints-Pères;
AU DÉPOT DES OUVRAGES CLASSIQUES DE M. LÉVI ALVARÈS
17, Rue de Lille;
L'AUTEUR, 12, RUE DE L'UNIVERSITÉ.

1848.

Hommage

De Reconnaissance

à mon Professeur et Ami

M' D. Lévi Alvarès

Qui a dirigé mon esprit vers le bon et l'utile

ET M'A SOUVENT DIT

Que les ouvrages d'une Femme doivent toujours avoir un but moral.

PUISSE CE PETIT ESSAI

Écrit d'après son inspiration, et publié sous ses auspices, lui prouver que je n'ai pas oublié ses précieux conseils.

Claire Pelleport,
NÉE GUTTIN.

4 Janvier 1848.

ns'
BLANCHE DE FRANCE.

BLANCHE DE FRANCE.

La mort du roi Charles IV laissait une incertitude pour la succession au trône de France; les prétentions d'Édouard III et les fameuses guerres d'Angleterre ont jeté sur cette époque désastreuse, un voile lugubre que le temps n'a point écarté; si la politique, l'instruction et les lumières que chaque siècle apporte, rendent moins amer le souvenir des malheurs de ce temps, c'est qu'on peut en apprécier les conséquences qui devinrent favorables ensuite au beau pays qui avait été dévasté; c'est le commencement des droits de la nation et l'extinction de la première féodalité. Le peuple qui n'était alors qu'une masse, n'ayant ni volonté, ni sentiment de sa valeur, le pauvre peuple courbait la tête et souffrait; d'âge en âge, le souvenir des maux cruels qu'il avait endurés se conservait dans chaque famille, et si l'on voulait interroger les traditions populaires que gardent encore le Normand, le Breton, l'Aquitain, on trouverait des documents plus fidèles peut-être que les écrits du XIVe et du XVe siècle, presque tous empreints d'un caractère de partialité qu'il était sans doute difficile d'éviter, et qui est bien souvent l'écueil de celui qui raconte un évènement contemporain.

La reine Jeanne d'Evreux, veuve de Charles IV, était enceinte à la mort du roi; le prince Philippe de Valois obtint la régence jusqu'à la majorité de l'enfant si c'était un prince, et devait monter sur le trône s'il naissait une princesse.

Jeanne mit au monde une fille le vendredi-saint, premier jour d'avril de l'année 1328 ; ce triste jour, anniversaire de la mort du Christ, commença une vie perdue dans l'histoire et dont quelques chroniqueurs font à peine une légère mention. S'en suit-il que Blanche, dernière héritière de la race des Capets qui régna trois siècles et demi sans interruption, ait mérité l'oubli et l'abandon qui pèsent sur sa mémoire, et faut-il qu'une femme laisse après elle un souvenir de vaine gloire, d'ambition ou d'orgueil pour passer à la postérité ? On a dit : les peuples les plus sages, et par conséquent les plus heureux, sont ceux dont l'histoire est peu intéressante, et Blanche, dont la vie ne fut qu'une longue résignation, n'a point trouvé la sympathie qui s'attache ordinairement à ces infortunes éclatantes, qui laissent des souvenirs de sang et de terreur.

Qu'on se figure en effet l'enfance de cette

princesse dont les destinées auraient pu être si brillantes ; son sexe lui ravit un trône dont la possession devint, pour la France et l'Angleterre, le sujet d'une longue et terrible guerre ; Blanche vit son héritage perdre la splendeur du temps de saint Louis, la loi Salique l'exclure du trône de ses pères, et les princes de Valois lui témoigner peu d'égards et de considération ; elle grandit à l'ombre du trône, sa jeunesse fut religieuse et résignée.

A dix-sept ans Blanche épousa Philippe de France, duc d'Orléans, second fils de Philippe de Valois ; ce mariage convenait à la politique du roi de France ; les droits de la princesse n'étaient point un sujet d'inquiétude ; cependant, en les confondant avec la race de Valois, on enlevait jusqu'au prétexte d'une discussion : l'avenir prouva que les craintes de Philippe VI étaient fondées, puisqu'on vit sous le régne suivant, le prince Charles de Navarre, surnommé le Mauvais, faire valoir les prétentions qu'il tenait de sa mère Jeanne de Navarre, fille du roi Louis X, et causer d'immenses malheurs par ses crimes et par la guerre civile qu'il alluma en France.

Les noces, célébrées dans l'église Notre-Dame de Paris, furent solennelles; il y eut un brillant tournoi, on fit des largesses au peuple qui témoigna cette joie bruyante, compagne inséparable du moindre évènement de la vie des princes.

Blanche, devenue duchesse d'Orléans, passa toute sa vie dans l'obscurité; son époux ne prit qu'une part secondaire aux évènements politiques des règnes de Philippe VI et de Jean II; il batailla contre l'Anglais, figura aux principaux états-généraux et fut un des juges du célèbre procès de Robert d'Artois, mais il était dépourvu de ce génie qui fait les ames fortes et qui donne le courage des grandes choses; il s'occupa plus de lui-même que des intérêts de l'état, s'assura la possession du duché d'Orléans et du comté de Valois, et délaissa la malheureuse Blanche qui supporta toujours les torts de son époux avec une angélique résignation : nous savons que le silence, la prière et le soin des pauvres furent les seules consolations de son cruel abandon. Elle n'eut pas le bonheur d'être mère, et Philippe voyait avec regret que son titre allait s'éteindre avec lui. Il n'en fut pas ainsi, le nom d'Orléans devait revivre dans d'autres branches et marquer longuement dans nos annales; Philippe et Blanche en furent les premiers représentants : avec eux commença et finit la première maison d'Orléans.

En 1375 mourut le duc Philippe ; sa veuve, plus que jamais étrangère au milieu de sa patrie, vécut dans la plus profonde retraite, s'occupant des malheureux et gémissant sur les calamités du royaume. Elle avait cependant le sentiment de sa grandeur, et aux paroles insultantes et hautaines que lui adressèrent quelquefois les rois de France, elle répondait que s'ils se rappelaient quels étaient ses ancêtres, ils ne lui parleraient pas ainsi; son ame généreuse était accessible au pardon, elle oublia tout, c'est en Dieu qu'elle plaça son espérance, et les pauvres lui tinrent lieu de famille; elle fut pour eux une seconde providence et nous devons la plaindre, elle qui vécut isolée, dont la vie fut abreuvée de peines intérieures et qui n'eut point d'enfant pour lui fermer les yeux. Sa vie fut austère, honnête et sainte; elle mourut sous le règne du roi Charles VI, en 1392; sa mort fit une sensation assez profonde, l'avidité sembla renaître; le titre d'Orléans appartint à Louis, frère du roi, et l'on imagina trouver dans l'héritage de la duchesse douairière de quoi satisfaire l'ambition des princes; mais dit un chroniqueur* : *on n'y trouva comme rien,* car elle avait distribué tout son bien aux pauvres et la possession du duché d'Orléans fut seulement régulièrement acquise à Louis d'Orléans. Les funérailles de Blanche furent somptueuses. Charles VI y fut

---

* Juvénal des Ursins.

présent ; les oncles du roi, tous les princes du sang fermèrent le deuil ; chacun répétait ses louanges, on disait les merveilles de sa bonté, de sa patience et de sa charité. Le peuple se confondait en prières et oraisons pour le salut de son ame ; elle fut ensevelie à Saint-Denis, et son cœur fut porté à Orléans.

VALENTINE DE MILAN.

VALENTINE DE MILAN.

Les calamités qui affligèrent la France pendant la captivité du roi Jean, ne s'appesantirent pas seulement sur les seigneurs qui avaient vu s'enfuir leur ancienne renommée de victoires, sur le monarque captif loin de son royaume, sur les chevaliers qui voyaient finir les beaux jours d'enthousiasme et d'ardeur, ni enfin sur les paysans esclaves et souffrant de la tyrannie des dévastateurs; le malheur qui frappait toutes les classes et n'épargnait aucun rang atteignit une jeune fille, qui placée bien près du trône, devait résignée et soumise, se dévouer pour son père et sa patrie. Isabelle de France, la fille du roi Jean fut sacrifiée pour racheter la liberté de son père ; comme il eût été impossible de charger le peuple de nouveaux impôts pour la rançon exigée par le roi d'Angleterre, Isabelle paya pour tous et fut accordée à Galéas Visconti, duc de Milan qui acheta 600,000 florins d'or l'honneur de cette alliance.

Valentine de Milan naquit de ce mariage en 1370, et lorsqu'à dix-neuf ans, elle mit le pied sur le sol français, c'était pour ainsi dire dans son propre pays qu'elle revenait ; elle y fut reçue avec ivresse par les grands, et le peuple admirant sa grâce et sa beauté applaudissait à l'avenir brillant qui lui semblait réservé ; elle épousa à Melun, le 17 août 1389, Louis de France, duc de Touraine, frère unique du roi Charles VI. Elle apportait en dot le comté d'Asti en Lombardie, 400,000 florins d'or, un trousseau de la plus grande richesse et la survivance du comté de Vertus en Champagne.

Il faudrait la plume naïve des chroniqueurs de l'époque, pour reproduire leur touchant enthousiasme lorsqu'ils décrivent les fêtes brillantes qui se renouvelaient chaque jour à la cour de France. Hélas ! le feu couvait sous la cendre, et lorsqu'après les bienfaits du règne de Charles V, on voyait dans son jeune successeur un long avenir de prospérités, ce n'était qu'un moment de repos, une lueur de calme et d'espérance au milieu des désastres qui déjà grondaient à l'horizon ; Valentine devait recueillir une à une les angoisses de chaque jour, et payer bien cher les honneurs qui l'environnèrent à son arrivée en France.

Mais ce ne furent alors que solennités et réjouissances, et quelques jours après les noces de Valentine, Charles VI voulut que la reine Isabeau de Bavière fît son entrée solen nelle à Paris. Le cortége partit de Saint-Denis, les princesses étaient dans des litières peintes et dorées ou sur des palefrois richement harnachés. Les maisons de Paris étaient ornées de soieries et de magnifiques tapisseries, les fontaines ne versaient que le lait et le vin offerts gracieusement par de belles jeunes filles; quand la reine arriva sur le grand pont, (appelé aujourd'hui le pont au Change) un homme sous la forme d'un ange, passa par une fente de la tenture qui couvrait le pont et déposa une couronne sur la tête d'Isabeau. Elle portait une longue robe et un manteau royal, ses cheveux étaient rabattus par derrière ; elle fut couronnée dans la sainte Chapelle par l'Archevêque de Rouen. Après la cérémonie, il y eut de somptueux banquets, des joûtes, des tournois, le roi fut un des vainqueurs ; il avait adopté pour devise un soleil d'or tout rayonnant ; la ville de Paris, s'associant à la joie des princes les combla de présents, et offrit à la duchesse de Touraine, de belle argenterie et des joyaux d'un prix infini.

Valentine observait la reine, et déjà elle sentait qu'il y aurait entre elles une barrière éternelle : Isabeau, jeune, légère, incapable de reconnaître l'amour de Charles VI, annonçait, par une coupable indifférence, ce qu'elle devait être un jour, et loin de consoler l'ame tendre et mélancolique de son époux, elle s'en éloignait chaque jour, pour rechercher les plaisirs et la société de tous ceux qui voudraient flatter son amour du luxe et ses vices naissants.

Parmi les complaisants assidus de la reine, le premier qui sut lui plaire, et qui ne rougit pas de trahir l'amitié fraternelle, fut Louis de Touraine; il eut le talent de se rendre indispensable à la reine, et abusant cruellement de l'affection du monarque il s'en servit pour satisfaire ses passions et son avidité ; c'est ainsi qu'il obtint les comtés de Blois, de Dunois, de Châteaudun; les seigneuries de Fère, de Gaudelus et l'échange du duché de Touraine contre le duché d'Orléans, malgré la vive opposition des Orléanais, qui avaient espéré n'être plus séparés de la couronne.

Valentine témoigna toujours à son époux la tendresse la plus vive, et ne se plaignit que rarement des torts de ce prince ; c'était chez elle un certain orgueil qui ne manquait pas de noblesse, car elle avait le sentiment de sa valeur, et pouvait espérer que Louis, égaré, rougirait de ses erreurs et saurait apprécier le cœur de celle qui était toujours prête à lui pardonner.

Le duc de Touraine était peu scrupuleux sur le choix de ses amis, il lui suffisait qu'ils fussent d'assez bonne noblesse, et disposés à flatter ses penchants ; il méprisait l'opinion publique et différait en cela du duc de Bourgogne qui, par politique ou par système, se fesait le défenseur du peuple, et était aimé des Parisiens qu'il captivait en leur promettant de les défendre contre les tyrannies de la cour; Pierre de Craon fut longtemps en grande faveur près du jeune duc, et fut initié à tous ses plaisirs : ce courtisan cachait sous des dehors brillants une ame vile et criminelle ; n'espérant plus rien des bonnes graces du prince, il voulut s'assurer de plus puissants protecteurs, et c'est en brisant le cœur d'une femme aimable et tendre qu'il préluda au plus cruel forfait.

Valentine était ambitieuse quand il s'agissait de son époux et de l'honneur de sa maison ; elle pressentait de sinistres malheurs en voyant la faible santé du monarque, la dissipation de la reine et la terrible avidité des princes ; elle vivait retirée dans l'hôtel de Bohême que Charles VI avait donné à son frère pour qu'il fût près du Louvre ; cette magnifique demeure fut embellie par le duc de Touraine, qui acheta plusieurs maisons pour l'agrandir encore. Le premier appartement, élevé de quelques marches au-dessus du sol, était ordinairement occupé par la duchesse; il renfermait plusieurs chambres de parade ayant des lambris et des plafonds de bois d'Irlande ouvré; c'est là que Pierre de Craon osa se présenter et détruire le dernier espoir de Valentine en lui révélant les infidélités de son époux : « Ah! pourquoi l'avez-vous dit, pensa la malheureuse femme, je le savais, mais je doutais encore, et le doute est une espérance! »

Valentine ne put se résigner tout à fait, elle pressa le sire de Craon qui lui dit que le duc était épris d'une belle demoiselle de Paris, à laquelle il avait offert jusqu'à mille couronnes d'or, pour avoir ses bonnes grâces; elle fit venir cette demoiselle, et ne put retenir son indignation. « Comment, lui dit-elle, vous voulez donc m'enlever monseigneur? La pauvre femme effrayée répondit en pleurant « Nenni, Madame, à Dieu ne plaise, je n'oserais seulement pas y penser. — C'est vrai répondit Valentine, je sais tout et suis bien informée; Monseigneur vous aime et vous l'aimez. La chose va même si loin qu'il vous a promis mille couronnes d'or, mais vous avez refusé et vous avez fait sagement. Je vous pardonne pour cette fois et vous défends si vous tenez à la vie , d'avoir désormais nul entretien avec Monseigneur. »

La jeune demoiselle promit, se montra fidèle à sa parole et rentra dans le devoir, mais le duc de Touraine fit tout pour savoir qui l'avait trahi ; il alla le soir souper chez la duchesse , lui montra beaucoup d'empressement, et comme Valentine aimait son époux, elle osa lui parler de ses torts. Dans ce pénible entretien , Louis ayant appris la perfidie de son indigne favori le fit aussitôt chasser de la cour. Pierre comprima sa rage, et se retira chez le duc de Bretagne qui l'encouragea dans ses projets de vengeance ; n'osant porter la main sur le frère du roi, et soupçonnant le connétable de Clisson d'avoir contribué à sa disgrace, il résolut de l'immoler à son ressentiment.

Un soir Olivier Clisson en sortant de l'hôtel Saint-Paul après une fête royale, tomba percé de coups sous le fer des assassins commandés par le sire de Craon ; ils s'enfuirent épouvantés de leur crime et du grand nom du connétable. Clisson, blessé dangereusement, ne succomba pas à ses blessures ; Charles VI à la nouvelle de cet attentat, voulut en punir les auteurs ; les biens de Craon furent confisqués, trois de ses complices décapités, et le roi poursuivit le coupable jusque dans la Bretagne où le duc lui donna un asile. Cette guerre pouvait être impopulaire, Clisson n'était point aimé du peuple qu'il chargeait d'impôts, mais Louis encouragea son frère dans cette expédition qui le vengeait aussi, et l'on vit les querelles des princes et des courtisans semer la discorde dans l'état; ce fut à cette époque que le roi donna à son frère le duché d'Orléans en apanage héréditaire, et le nouveau duc d'Orléans accrut ainsi ses richesses et ses dignités.

La reine détestait Valentine dont la conduite noble et pure était un vivant reproche de ses fautes, elle s'attacha au duc d'Orléans qui l'aima par ambition, et non contente d'enlever à la duchesse l'objet de toutes ses affections, elle conçut pour elle une haine implacable en se promettant de lui faire payer cher les torts impardonnables de la vertu et de la beauté.

Valentine, épouvantée des suites de la révélation de Craon, s'arma de courage, invoqua le Seigneur et fit taire les mouvements de son cœur qui avaient amené de si tristes résultats.

Mais ce n'était que le prélude des calamités qui devaient fondre sur la France.

Charles VI était affaibli par les plaisirs immodérés auxquels il s'était abandonné dès sa plus tendre jeunesse, et par les chagrins que la reine lui causait. Une circonstance de son expédition de Bretagne jeta la confusion dans ses esprits : comme il traversait la forêt du Mans un peu en avant de son escorte, un homme à peine vêtu se précipita au devant de son cheval en criant : Roi, n'avance pas tu es trahi! Ces paroles, l'aspect farouche de cet homme frappèrent le monarque d'épouvante. Dans le mouvement que cette scène occasionna parmi les hommes de la suite du roi, un écuyer toucha de sa lance le casque d'un de ses compagnons; ce bruit fit croire au malheureux Charles qu'on en voulait à sa vie; il tira l'épée et se précipita au milieu de ses pages tuant indistinctement tous ceux qui se trouvaient à sa portée, les autres ne purent échapper que par une fuite rapide. C'en était fait, le roi de France avait perdu la raison, il n'eut plus que de courts intervalles d'intelligence, et trente ans de malheurs amenèrent dans son royaume d'horribles guerres civiles, l'invasion anglaise et l'oubli de tous les liens de l'ordre social entre les grands et la masse du peuple.

Le duc de Bourgogne, Philippe-le-Hardi, oncle du roi, s'empara du pouvoir; c'était le moins incapable des princes ; la duchesse de Bourgogne prit une grande autorité chez la reine ; Valentine ne pouvait supporter son arrogance, car elle-même n'avait pu se défendre d'un peu d'ambition, en se voyant la seconde du royaume, et elle voulait voir son époux, ses fils bien au-dessus de ces princes de Bourgogne qu'elle regardait comme les ennemis du duc d'Orléans ; c'était comme un pressentiment funeste et l'insolence de Madame de Bourgogne l'indignait. « Je ne sais pas, disait-elle, de quoi elle s'avise de prendre le pas sur nous. Monseigneur mon mari est frère du roi, il pourrait arriver qu'il devînt roi et moi reine de France. Ces honneurs là ne lui sont pas dus. » Mais elle connut bientôt qu'il fallait réprimer son indignation et que la patience devait être son seul soutien. Le duc d'Orléans chercha de nouveaux plaisirs, et la cour essaya de distraire le roi par des fêtes brillantes. On célébra à l'hôtel Saint-Paul, le mariage d'une dame de la maison d'Isabeau avec un jeune gentilhomme ; les ducs d'Orléans, de Berri et de Bourgogne y vinrent avec leurs femmes et une multitude de seigneurs. Louis fier de la jeunesse et de la beauté de Valentine, qui n'avait alors que vingt-trois ans, voulait qu'elle éclipsât les autres dames par la richesse des vêtements qu'elle portait avec une grace parfaite; dans cette fête qui fut pour elle la dernière, et qui se termina par un sinistre évènement, elle déploya une grande magnificence et parut bien belle avec une Cotte-Hardie de drap bleu-clair, fermée dans toute sa longueur par des boutons d'argent et dont les manches étaient retenues par des boutons de diamant ; un surcot d'hermine et d'or entourait sa taille souple et svelte, ses cheveux noirs relevés en nattes ondulantes donnaient à son visage quelque chose de suave et de mélancolique; on reconnaissait la brune fille de l'Italie aux éclairs d'ardeur et d'impétuosité qui jaillissaient de ses yeux, en même temps qu'on se rappelait la fille de France, par sa douce sensibilité et l'affabilité de ses manières.

Le roi et quatre jeunes seigneurs s'étaient déguisés en satyres; comme leurs vêtements étaient recouverts d'étoupes retenues par de la poix, on recommanda d'éloigner les torches de ces hommes sauvages; mais le duc d'Orléans qui entrait n'avait point entendu cet ordre, il prit un flambeau pour les reconnaître, et s'étant approché sans précaution de l'un d'eux, le feu se communiqua bientôt aux vêtements de ces malheureux. Le roi fut sauvé par les soins de la duchesse de Berri qui l'enveloppa d'un long manteau, trois autres de ces imprudents périrent, et le seul Nantouillet échappa en se plongeant dans une cuve d'eau qu'il trouva dans les cuisines du roi.

Cette horrible scène eut une fâcheuse influence sur l'esprit du roi, il retomba dans sa folie; le duc d'Orléans fut en butte à de cruels soupçons, on lui reprocha cet évènement qui cependant n'était qu'une étourderie. Louis fit une espèce de pénitence et fonda une magnifique chapelle dans l'église des Célestins.

La démence du roi tenait de l'idiotisme, ses idées étaient perdues, et Isabeau qui avait si justement encouru sa haine et son mépris fut pour lui un objet d'horreur; cette reine oubliant ses devoirs, délaissa entièrement l'infortuné monarque qui fut relégué dans l'hôtel Saint-Paul. Isabeau eût été troublée au milieu de ses plaisirs, si elle eût entendu les cris de souffrance de son époux; elle s'éloigna de sa demeure et se retira à l'hôtel Barbette que le sire de Montagu lui vendit, et qu'elle fit embellir avec un luxe alimenté par les sueurs du peuple malheureux. Si Charles VI, si l'héritier de saint Louis languissait à la merci de la compassion, dénué de vêtements, manquant quelquefois de nourriture, la reine de France rayonnante de splendeurs, partageait avec le duc d'Orléans les trésors arrachés au peuple, sous le prétexte d'une expédition contre les

Anglais, ou des dépenses faites pour les besoins de l'État.

Charles avait perdu la mémoire, il ne connaissait ni sa femme, ni ses enfants, il ne se connaissait pas lui-même, et arrachait les fleurs de lis et les insignes royaux. Une seule personne adoucit une si grande infortune, ce fut Valentine de Milan !

Elle comprenait les douleurs de ce prince, et tandis que les plus célèbres médecins se jetaient dans de savantes et froides controverses pour connaître la maladie du roi, le cœur de Valentine ne se trompa point sur la cause de ses souffrances.

— Valentine, répétait le triste prince, Valentine, j'aime le son de ta voix et je suis calme quand tu es là, mais quand je suis seul j'ai peur. Ah ! quand j'étais roi, j'aurais dû récompenser ton dévoûment, pauvre Valentine !

— Monseigneur, ne dites point cela, vous êtes toujours notre maître, notre seul souverain.

— Non, pauvre sœur, je ne suis plus roi,

mais écoute une histoire bien affreuse, écoute: Il y avait un beau royaume sur lequel régnait un monarque sage et débonnaire pour ses peuples, qui remit ses états en haut et grand honneur; il mourut et laissa deux jeunes princes qui s'aimaient tendrement, non je me trompe, l'aîné qui devint roi était rempli de tendresse pour son jeune frère; mais celui-ci ne l'aimait point, et c'était un cœur faux et trompeur qui abusait de l'affection du roi.

— Vous vous trompez, répétait Valentine, c'était....

— Ne dis rien, je ne pourrais finir mon histoire; elle est vraie, écoute : Le roi tenait à relever son trône, à chasser pour jamais les étrangers de son royaume, il appela ses fidèles, ses barons, l'antique fleur de la noblesse, pour donner ensuite tous ses soins à ses sujets qui le nommaient le roi bien-aimé; que fesait-on alors? les trésors, les impôts indignement dispersés étaient dilapidés par les princes avides et ambitieux, et le bon peuple qui avait souffert était persécuté et maudissait peut-être le roi dont on méconnaissait la volonté....

Écoute encore : lorsque le roi fatigué de voir ses intentions dénaturées, voulut consoler son pauvre cœur par de douces affections, il ne trouva plus rien, il n'avait plus de femme et pourtant elle n'était pas morte !

C'était ainsi que s'exhalaient les plaintes du roi, et Valentine seule y apportait quelques consolations; les angoisses du monarque étaient les siennes, et elle retrouvait dans la douleur de Charles une ressemblance avec ses propres malheurs; toujours aimante et bonne elle pleurait sur son roi, et celui-ci voyant les larmes de sa belle-sœur y mêlait les siennes, et cet attendrissement amenait une crise suivie quelquefois d'un peu de calme et d'intelligence. Alors le roi revenait à lui, il voyait les malheurs de l'État, détestait la coupable conduite des grands, voulait y porter remède, prenait de sages résolutions, mais bientôt un nouvel accès de démence enlevait le fruit de ses bonnes intentions.

Ce n'était pas impunément que Valentine consacrait tous ses soins au royal insensé, qui avait été abandonné de tous les siens ; la maladie de Charles VI était un prétexte pour l'ambition des princes qui gouvernaient en son nom ; on avait peur de l'ascendant de la jeune femme, l'orage se formait dans l'ombre, la calomnie préparait ses traits et le roi absolu ne pourrait bientôt plus élever la voix pour dire : laissez-moi cette sœur chérie.

On commença à répandre des bruits sinistres parmi le peuple, toujours disposé à entendre les fables les plus absurdes ; on parla de magie, de sorcellerie, et c'était alors une terrible accusation, car dans ces temps d'ignorance et de superstition une telle imputation entraînait toujours la perte de l'accusé. La Lombardie avait la réputation de renfermer des sorciers s'adonnant aux philtres et aux maléfices. Prends garde Valentine, ils ont trouvé le moyen de punir ton généreux dévoûment.

La duchesse de Bourgogne, tous ceux qui craignaient l'ascendant de l'italienne sur l'esprit du roi, propagèrent ces rumeurs et lorsque Valentine retournait près du roi, de son hôtel de Bohême à l'hôtel Saint-Paul, elle entendait de sinistres imprécations. Là, une vieille femme la montrait du doigt en se signant plusieurs fois pour éviter le malin esprit; plus loin, un homme du peuple grommelait ce mot terrible : empoisonneuse! et les enfants à son approche se rassemblaient et disaient : Seigneur, sauvez le roi bien-aimé. Le peuple souffrait beaucoup, mais il ne pouvait connaître la main de ses oppresseurs; le duc de Bourgogne obtenait la faveur populaire, et le haut rang du duc d'Orléans contenait les murmures que sa prodigalité et son insolence n'auraient pas manqué de faire éclater.

Valentine subissait tant d'outrages avec patience et douceur; elle calmait le roi par ses discours consolants et par des récits touchants, elle fut secondée dans sa noble tâche par Odette de Champdivers, fille d'un marchand de chevaux, que l'on appelait la petite reine, puisque la véritable oubliait au sein des plaisirs que son époux languissait dans des mains étrangères. Ces deux femmes, l'une de la plus haute naissance, l'autre simple fille du peuple, se rencontrèrent sur la route de la compassion et de la pitié; elles adoucissaient le triste sort du roi et cherchaient mille moyens de l'arracher à son effroyable apathie; le jeu de cartes inventé, dit-on, par Jacques Gringonneur, peintre de cette époque, servit souvent à procurer quelques distractions au malheureux monarque.

Charles VI obtint quelque soulagement à son mal et dans un heureux retour à la raison, il fit différents traités et promit sa fille Isabelle quoique encore au berceau au roi d'Angleterre, Richard II. Le duc d'Orléans augmenta sa faveur, car Valentine lui conservait l'affection du roi; il fit baptiser Charles son fils aîné, âgé de quelques années, et institua à cette occasion l'ordre du porc-épic, composé de vingt-cinq chevaliers portant un collier d'or, avec ces mots : *de près et de loin.* C'était une menace à la maison de Bourgogne ; la rivalité se formait lentement pour éclater un jour avec plus d'impétuosité. Charles VI étant retombé dans une nouvelle attaque, les désordres recommencèrent, et un cruel évènement amena la disgrace de Valentine, en même temps qu'il brisa l'ame de la pauvre femme.

Les accusations de poison et de sorcellerie étaient renouvelées, et pour mieux assurer la perte de Valentine, ses ennemis conçurent la pensée d'empoisonner le dauphin, pour la faire soupçonner de ce crime atroce. Ce jeune prince nommé Louis, duc de Guyenne, abandonné par sa mère Isabeau, était aussi dans le plus grand dénûment ; Valentine aimait cet enfant et l'instruisait avec les siens ; ce fut avec une pomme empoisonnée qu'on tenta le crime; les enfants d'Orléans jouant avec l'insouciance de leur âge, entouraient le jeune dauphin qui fut la cause innocente d'un grand malheur; il échangea le fruit empoisonné avec l'un d'eux qui mourut dans les bras de Valentine. Quel coup terrible pour une tendre mère! elle ne put résister à sa propre douleur, aux calomnies de ses ennemis, à la malveillance du peuple, à l'indifférence de son époux, elle était vaincue! Elle ne lutta plus, et le duc d'Orléans saisit ce prétexte pour l'éloigner de Paris, car sa présence gênait ses plaisirs déréglés. Valentine affligée, supporta cet exil avec douceur et fut reléguée à Neufchâtel sur la Loire, puis à Blois et enfin à Château-Thierry.

Le duc de Milan ayant appris la triste destinée de Valentine, envoya des ambassadeurs à Paris pour s'en plaindre, et plusieurs de ses chevaliers offrirent de combattre pour elle; l'état était si agité que ces menaces ne produisirent que peu d'effet.

La duchesse d'Orléans eut la consolation

d'avoir ses enfants près d'elle, et dans sa paisible retraite elle jouit encore de quelques années de calme, sinon de bonheur; elle se consacra toute à leur éducation, s'entourant des dames châtelaines des environs, qui admiraient sa résignation et la noblesse de son caractère; elle prit un soin tout particulier de son fils Charles, et dota la France d'un poète dans lequel on admire le naturel et le sentiment des ames délicates. Élevée dans la patrie des Dante, des Pétrarque et des Boccace, elle lui inspira ce goût du beau qu'elle avait apporté de l'Italie, et qui effaça les essais si imparfaits de nos premiers poètes.

Le duc d'Orléans venait rarement visiter sa jeune épouse, mais il ordonna qu'elle vécût toujours dans le luxe et la somptuosité qui convenaient à la femme du premier prince du sang. Au retour de son expédition d'Allemagne, dans laquelle, en secourant l'empereur Wenceslas, il avait acquis le duché de Luxembourg, il se rendit près d'elle, au château de

Coucy, accompagné du duc de Gueldre, qui fut choisi pour être le parrain d'une fille à laquelle Valentine venait de donner le jour.

Peu à peu l'horizon politique s'obscurcit, le roi regrettait sa belle-sœur et, dénué de tout, abandonné de tous, il languissait dans l'état le plus déplorable et privé souvent du nécessaire; il n'avait presque plus d'intervalles de raison, la reine et le duc d'Orléans vivaient dans le faste et la magnificence, dilapidant le trésor public. Le mécontentement était général, mais il fallait se taire et courber la tête sous la puissance des oppresseurs.

Louis d'Orléans eut un fils naturel, Jean comte de Dunois, né de Mariette d'Enghien femme du sire de Cany, qu'il envoya à Valentine. Cette épouse offensée sentit bientôt fondre sa colère devant les graces de cet enfant, qui lui souriait en lui tendant les bras; elle le confondit avec ses fils et le ciel la récompensa d'une action aussi élevée, dans laquelle son amour avait subi une si rude épreuve;

le petit Dunois l'aima tendrement, et Valentine en même temps heureuse et affligée répétait: « on me l'a volé, je devais être sa mère. » Ainsi près d'elle grandit cet enfant qui devait être un guerrier dont le nom, devenu national, brille à côté des du Guesclin et des Bayard.

Une catastrophe épouvantable vint troubler la vie paisible de Valentine ; Jean-sans-Peur duc de Bourgogne haïssait mortellement le duc d'Orléans ; ils s'étaient rencontrés comme deux rivaux dont le plus fort devait écraser l'autre, sur la route d'une haineuse ambition ; on donne plusieurs motifs à cette division implacable. Le duc d'Orléans avait fait échouer une entreprise de Jean sur la ville de Calais, il avait, dit-on, parlé légèrement de la duchesse de Bourgogne ; enfin ces deux princes ne négligeaient rien pour faire éclater leur ressentiment, malgré les soins de plusieurs princes qui avaient tenté de les réconcilier ; le duc d'Orléans depuis longtemps avait pour devise un bâton noueux avec ces mots : *je l'envie* (c'est-à-dire, *je le défie*); le duc de Bourgogne y avait répondu en adoptant un rabot avec ces mots : *je le tiens*. Le duc de Berri leur fit échanger plusieurs fois ces signes d'hostilité, mais chaque réconciliation était feinte ; enfin le dimanche 20 novembre 1407, les deux princes communièrent ensemble, au couvent des Augustins et parurent oublier leurs dissentions ; le duc de Berri les emmena dîner à son hôtel de Nesle, situé sur les bords de la Seine et fit tous ses efforts pour terminer leurs funestes querelles; mais l'orage se formait en silence.

Le duc de Bourgogne avait acheté un hôtel à l'enseigne de l'image Notre-Dame, dans la Vieille rue du Temple; il y cacha dix-huit hommes déterminés ayant à leur tête Raoul d'Octonville, gentilhomme normand que le duc d'Orléans avait autrefois chassé de la maison du roi.

Le prince allait tous les soirs à l'hôtel Barbette visiter la reine qui était en couches; le

23 novembre, l'un des conjurés nommé Scas de Courteheuse ayant averti le duc que le roi voulait lui parler, Louis partit accompagné d'un page nommé Jacob de Merre, de deux écuyers montés sur le même cheval et de trois valets portant des torches ; arrivé près de la fatale maison, il fut assailli par les assassins, et Raoul lui portant les premiers coups lui coupa le poing ; le malheureux prince cria : je suis le duc d'Orléans. — C'est ce que nous demandons, répondirent-ils, et tous l'entourèrent en criant : à mort ! à mort ! Les coups redoublèrent ; le seul Jacob de Merre osa défendre son maître et périt à ses côtés. Quand le crime fut consommé, on vit sortir un inconnu de l'hôtel Notre-Dame qui s'assura que la victime n'existait plus. Jean de Bourgogne était satisfait, il put voir que tout était accompli, et il donna un dernier coup de massue au cadavre sanglant et mutilé.

Le corps de Louis d'Orléans fut porté d'abord à l'hôtel de Rieux ; cet évènement excita une profonde sensation, la reine en fut la première instruite, et saisie de frayeur elle se réfugia à l'hôtel Saint-Paul. Le lendemain, les restes du malheureux prince furent exposés dans l'église des Blancs-Manteaux ; les ducs d'Anjou, de Berri, de Bourbon et de Bourgogne s'y rendirent et Jean-sans-Peur témoignant une grande affliction dit lui-même : « Jamais plus méchant et plus traître meurtre ne fut commis en ce royaume. » On ne savait qui accuser d'un tel forfait.

Après que le corps du duc d'Orléans fut enseveli dans l'église des Célestins, il y eut un conseil à l'hôtel de Nesle, chez le duc de Berri, où le prévôt de Paris, le sire de Tignonville dit que les recherches qu'il avait faites dans la ville ne l'ayant conduit à aucun résultat, il demandait la permission d'entrer dans les hôtels des princes pour y découvrir les coupables ; à ces mots le duc de Bourgogne se troubla et dit tout à-coup que, tenté par le diable, il avait seul ordonné ce meurtre. Cette révélation saisit d'horreur tous les assistants, et le duc de Berri, navré de douleur, s'écria: Je perds mes deux neveux à la fois.

Bientôt le duc de Bourgogne ne se contraignit plus, il déclara hautement qu'à lui seul devait être imputée la mort du prince, et ne se croyant plus en sûreté à Paris, il s'enfuit dans ses états et protégea les assassins, dont aucun ne fut arrêté.

La mort du duc d'Orléans produisit un effet immense, même sur le peuple qui avait souffert de ses folies. Ce prince fut amèrement regretté de ses favoris, qui se rappelaient ses manières affables; des gens d'église, qu'il avait comblés de biens, et de ceux qui, cultivant les sciences et les lettres, avaient pu apprécier son esprit supérieur. Mais que dire du désespoir affreux de Valentine de Milan qui, retirée à Château-Thierri avec tous ses enfants, apprit qu'elle n'avait plus d'époux, et qu'un lâche assassinat lui avait ravi celui qu'elle avait tant aimé, malgré ses fautes et ses égarements ! Tous les torts de Louis furent oubliés, elle se rappela seulement qu'elle ne le verrait plus, que tout était fini ; elle s'arrachait les cheveux, déchirait ses vêtements. Mais bientôt elle sentit qu'il fallait autre chose que des pleurs et des gémissements, en voyant ses malheureux enfants si jeunes, sans appui, incapables de venger leur père. Sa grande ame se réveilla, et tandis que tous les partis étaient plongés dans la consternation, elle seule eut l'énergie de comprendre son devoir et le courage de l'accomplir. Elle fit taire sa douleur, demandant à Dieu la force qui lui était nécessaire, envoya ses deux fils aînés à Blois, sous la surveillance de serviteurs dévoués, et partit pour Paris avec son plus jeune fils, sa fille et la jeune Isabelle, fille du roi Charles VI, qui, veuve du roi d'Angleterre Richard II, était fiancée à Charles d'Orléans. Elle y arriva le 10 décembre 1407, par un froid des plus rigoureux ; les princes allèrent au-devant d'elle, et ce cortége avait quelque chose de si imposant, qu'il imprimait le respect et fesait oublier les crimes de l'époux devant cette mère en deuil accomplissant un devoir sacré.

Le char de la triste veuve, traîné par quatre chevaux blancs, était couvert d'un drap noir; Valentine, en grand deuil, ainsi que ses enfants et toutes ses femmes, ne voyait rien, n'entendait rien, et se renfermait dans un morne silence ; une telle infortune, l'innocence des pauvres orphelins, venaient toucher les cœurs les plus indifférents. Elle descendit à l'hôtel Saint-Paul ; le roi était dans un moment lucide; en voyant sa belle-sœur ses idées lui revinrent avec de doux souvenirs ; il se rappela les tendres soins qu'elle lui avait prodigués ; Valentine, tout en larmes, se jeta aux pieds du monarque en lui demandant justice; Charles VI la releva, l'embrassa, lui promit d'écouter ses plaintes et parut lui-même affligé du triste sort de son frère unique ; elle retourna dans son hôtel de Bohême, accompagnée des princes et revint deux jours après avec son fils, Madame Isabelle et ses serviteurs tous vêtus de noir. Craignant que sa douleur l'empêchât d'exprimer ce qui était nécessaire pour toucher le roi, elle amena un avocat du parlement de Paris ; le roi tenait son conseil, elle se jeta de nouveau à ses pieds ; rappela toutes les circonstances de l'assassinat, l'horreur qu'il avait inspirée et s'écria avec force : « Monseigneur, si ce crime reste impuni, honte et malheur sur votre race ; je me suis traînée demi-morte à vos pieds pour vous rappeler ce frère que vous avez tant aimé, et la pauvre Valentine, votre unique sœur, destinée à passer le reste de sa vie dans l'isolement et la douleur, vous supplie au nom de ces jeunes et innocents enfants de venger leur père traîtreusement assassiné. Ah ! justice, car ils ont tué ce frère qui vous fut si fidèle, qui était si aimable, si accompli ; justice ! souvenez-vous que la justice des rois est l'image de la justice de Dieu, et vous n'attacherez pas un éternel reproche à votre royal caractère. »

Le roi parut ému, les princes étaient troublés, le chancelier dit que le roi ferait prompte et bonne justice ; Charles déjà paraissait oublier ce qui l'entourait et chercher avec peine la suite de sa pensée.

La duchesse lui dit encore :

«Faites-moi grace, Monseigneur, vous êtes le seul appui de vos neveux orphelins, car d'odieux assassins ont tué leur père, ils l'ont jeté sanglant et mutilé, lui, ma joie, mon seul bonheur et cela pour le punir de l'affection que vous lui aviez témoignée. »

Ces mots firent impression sur le roi, qui laissa couler ses larmes et embrassa la triste veuve, ses enfants et sa propre fille, la jeune Isabelle ; Valentine laissant éclater toute l'amertume de sa douleur s'écria :

— « Oui, vous ferez justice, s'il y avait des cœurs de fer et des ames plus dures que le diamant, ils s'attendriraient devant ma plainte amère ; non-seulement ils l'ont tué, mais ils ont exercé des barbaries sur son corps défiguré. Votre frère unique, le premier du royaume après mon souverain seigneur, a été traîné dans la fange, et son cadavre a saigné à l'aspect du meurtrier qui a encore essayé d'attenter à l'honneur de mon époux par un libelle infâme tendant à noircir sa mémoire ; faites, Monseigneur, que les coupables soient ajournés devant la cour du parlement pour être jugés et pour subir la condamnation d'un tel crime. »

Le roi, frappé de ce discours, comprit enfin la douleur et les désirs de vengeance de Valentine :

« Qu'il soit notoire à tous, s'écria-t-il, que le fait à nous exposé, relatif à notre propre frère, nous touche, et que nous le réputons être fait à nous-même. »

Puis il adressa des paroles consolantes à la duchesse en lui promettant justice. Mais hélas ! le pauvre roi était incapable de suivre longtemps la même idée ; il avait la volonté de venger son frère, mais les moyens lui manquaient ; bientôt on apprit que le duc de Bourgogne allait revenir, la tête haute, pour braver ses accusateurs. Le peuple, étonné de tant d'audace, changea tout-à-coup de sentiment, et se rappelant que ce prince s'était toujours montré son défenseur, oublia l'horreur qu'il avait éprouvée à la nouvelle de l'assassinat et alla jusqu'à dire : — que le bâton épineux avait été plané par le rabot.

La veuve de Louis d'Orléans reconnut qu'il n'y avait rien à attendre des princes, et que la justice n'avait pas cours devant un aussi grand criminel. Jean de Bourgogne approchait, Valentine se hâta de fuir avec ses enfants et, cachant sa douleur, elle rejoignit ses fils aînés à Blois espérant que le temps servirait sa vengeance. Le roi retomba dans sa démence et le peuple injuste et cruel lui attribua encore d'être cause de cette nouvelle rechute.

L'entrée de Jean-sans-Peur fut un triomphe.

mais il n'était point tranquille et se tenait toujours sur ses gardes ; il demanda une audience publique pour expliquer les motifs qui l'avaient porté à faire assassiner le duc d'Orléans. Cette assemblée eut lieu le 8 mars 1408; le dauphin Louis de Guyenne y assistait en tête des princes, le roi étant malade.

L'apologie du crime fut faite par Jean Petit, cordelier de la province de Normandie; il parla sur la tyrannie, il dit qu'il avait été glorieux pour le duc de délivrer la France du tyran qui l'opprimait, que la duchesse avait accablé le roi par ses sortiléges, et mêlant le duc de Milan dans les crimes de son gendre, il assura que la renommée répétait que ce prince avait dit à Valentine : « Adieu, belle fille, je ne veux jamais vous revoir que reine de France. »

Le parlement était frappé de stupeur : le duc de Bourgogne payant d'audace arracha au roi des lettres d'approbation pour le meurtre de son frère. La reine Isabeau de Bavière qui s'était réfugiée à Melun, refusa de rentrer à Paris malgré la prière du roi; Valentine rassemblait des troupes autour d'elle, et Jean-sans-Peur, voyant se former une coalition contre lui, alla guerroyer dans ses états de Liége. Le duc de Bourbon et son fils ayant refusé de traiter avec le meurtrier de Louis, rejoignirent la reine et furent imités par les ducs de Berri et de Bretagne; la reine au milieu de ce cortége imposant revint à Paris le 26 août en grand appareil de guerre, elle traversa la ville dans un chariot doré et couvert, ayant le Dauphin près d'elle, et alla se loger au Louvre. Isabeau appela la duchesse d'Orléans, et Valentine, oubliant que la reine avait été son ennemie personnelle, se rendit à cet appel pour reprendre sa vengeance suspendue; les princes allèrent à sa rencontre; la duchesse avait avec elle sa belle-fille Isabelle; elle était dans une litière noire et descendit à son hôtel de Bohême.

Le roi était plus malade que jamais, et Valentine fut obligée de s'adresser au dauphin, demandant qu'il lui fût permis de répondre aux calomnies de Jean-Petit; quatre jours après Charles d'Orléans, son fils aîné, âgé de quinze ans, arriva avec trois cents hommes d'armes, il traversa la ville à cheval, vêtu de noir, présenta ses respects au dauphin, duc de Guyenne; et se rendit près de sa mère.

Le 11 septembre l'audience fût accordée à la duchesse et à son fils; soutenue par ses conseillers, elle fit entendre un discours noble et touchant; la justification du duc d'Orléans fut lue publiquement par l'abbé de Serisy, et Guillaume Cousinot, avocat de Valentine, exigeait que le duc de Bourgogne demandât pardon à la duchesse en présence du roi et des princes, la tête découverte, sans armes et à genoux, que l'on répétât cette satisfaction au Louvre et au lieu même où le crime avait été commis, que ses maisons et hôtels de Paris fussent démolis, qu'il employât un million d'or en fondations religieuses, qu'il fût banni pendant vingt ans, et qu'ensuite il n'approchât pas de cent lieues les endroits où seraient la reine et les princes d'Orléans.

Le duc de Guyenne répondit: « Après ce que nous et les princes du sang royal ici présents avons entendu pour la justification du duc d'Orléans notre oncle, il ne nous reste nul doute contre l'honneur de sa mémoire, et nous le tenons pour innocent de tout ce qui avait été annoncé de contraire à sa réputation. Quant à ce que vous demandez de plus, il y sera suffisamment pourvu en justice. » Valentine obtint l'annulation des lettres de pardon accordées au duc de Bourgogne, et les princes, excités par la reine, la duchesse et le duc de Bourbon, annoncèrent qu'ils soutiendraient les armes à la main l'arrêt qui serait rendu; Tignonville fut envoyé à Jean-sans-Peur, pour le sommer de comparaître devant le Parlement.

Mais tout était inutile; on apprit que le duc de Bourgogne, ayant remporté une éclatante victoire sur les Liégois, marchait vers la capitale; l'effroi se répandit à la cour et tout espoir abandonna les partisans de la maison d'Orléans, la reine effrayée quitta Paris et emmena le roi à Tours. Dès lors tout fut dit pour Valentine, elle était frappée au cœur, elle ne pouvait plus rien opposer au meurtrier triomphant dont l'entrée à Paris fut saluée des acclamations du peuple. Valentine alla de nouveau cacher ses larmes à Blois, et dès lors elle ne fit plus que languir; son cœur généreux, si violemment agité, se replia sur lui-même et s'abima dans la douleur. Flétrie dans l'opinion du peuple, et si malheureuse et si constante dans ses opinions, elle apprit bientôt que des négociations étaient ouvertes entre Jean sans-Peur et les princes; cet affreux traité devint facile par la mort de l'infortunée que le désespoir conduisit au tombeau. Sa vie n'avait été qu'une angoisse continuelle, sa beauté, sa grace, lui avaient donné pour ennemies la reine et la duchesse de

Bourgogne ; son époux l'avait délaissée, le peuple l'avait indignement calomniée, et quand un crime affreux lui eut ravi toutes ses affections, ce fut en vain qu'elle éleva la voix pour obtenir justice au milieu des désordres qui troublaient le royaume ; elle avait pris pour symbole un arrosoir versant des larmes, et ayant à son orifice la lettre S, qui commençait chaque mot d'une sentence latine, dont le sens était : *Seule souvent elle nourrit sa douleur et soupire.* Puis elle répétait cette triste devise :

> Rien ne m'est plus,
> Plus ne m'est rien.

Elle laissa quatre enfants : Charles d'Orléans, Marguerite qui épousa Richard de Dreux, comte d'Étampes, Philippe, comte de Vertus et Jean, comte d'Angoulême, aïeul de François Ier ; les droits qu'elle apporta sur le duché de Milan furent la cause des guerres d'Italie sous Louis XII et François Ier. Elle expira à trente-huit ans, le 4 décembre 1408, de courroux et de déplaisance de ce qu'elle ne pouvait avoir justice du meurtre de son mari. A son lit de mort, elle s'entoura de ses enfants, et avec eux embrassa Jean, ce fils naturel de son mari, qu'elle aimait autant que ses fils, et qu'elle avait fait élever avec soin ; elle le voyait ardent, l'ame noble et fière, et répétait qu'à lui particulièrement appartenait de soutenir l'honneur de sa famille, et que nul de ses fils n'était si bien taillé pour venger son père. Cet enfant, qui fut le célèbre Dunois, le vengea noblement en rendant à la France sa grandeur, son roi légitime, et en chassant pour jamais les Anglais du pays qu'ils avaient si longtemps dévasté.

Valentine de Milan rappelle des souvenirs touchants ; on pleure sur ses malheurs et son nom est un des plus remarquables du XIVe siècle ; elle sacrifia tout au devoir, et nous la voyons toujours suivre la voie de l'honneur et de la vertu, au milieu de la corruption qui l'environnait; la mort fut pour elle un bienfait, car elle ne vit pas la lutte terrible que les guerres civiles amenèrent dans le royaume, la faction des bouchers de Paris, et, pour comble d'horreur, la France entière vendue aux Anglais par la reine Isabeau de Bavière, qui aima mieux saluer le nom de Lancastre que de conserver l'héritage de ses enfants.

ISABELLE DE FRANCE.

ISABELLE DE FRANCE.

ISABELLE de France, fille du roi Charles VI et de la reine Isabeau de Bavière, naquit le 9 novembre 1389; elle fut toujours tendrement aimée de son malheureux père, qui ayant perdu le premier dauphin et la princesse Jeanne, lui voua une affection toute particulière. Dès sa plus tendre enfance elle montra un jugement et une sagesse bien supérieurs à son âge; à deux ans elle fut promise au fils du duc de Bretagne, lors du traité conclu à Tours, mais les évènements qui suivirent empêchèrent de donner aucune suite à ce projet.

La famille royale occupait l'hôtel Saint-Paul, et le roi résidait le plus souvent au Louvre; Isabelle fut élevée par sa mère qui *daignait* alors s'occuper de ses enfants, elle avait de l'esprit, de l'affabilité dans ses manières, et tous ceux qui l'environnaient ne manquaient pas de lui répéter souvent qu'elle serait une grande princesse digne de posséder un trône. Elle charmait tout le monde par sa grâce et sa gentillesse.

Des changements rapides s'étaient opérés dans le royaume, les dissentions intestines troublaient l'état: le roi Charles VI perdit la la raison; et la France fut plongée dans un abîme de malheurs. Isabelle était trop jeune pour comprendre ce qui se passait autour d'elle, et s'affligeait seulement de savoir son père malade; elle en était séparée et pensait à lui; mais bientôt la légèreté de son âge l'empêchait de s'appesantir sur un aussi cruel évènement.

Depuis la mort de Charles V et d'Edouard III, roi d'Angleterre, on en était venu à désirer sérieusement la paix entre les deux royaumes. Le jeune roi Richard II, peu affermi sur son trône et en mésintelligence avec son oncle le duc de Glocester, ayant perdu sa femme Anne de Bohême, sollicita la main d'Isabelle, qui n'avait encore que six ans. Cette alliance déplut aux anglais qui ne désiraient point faire la paix avec la France, et le duc de Glocester parvint à la retarder pendant quelque temps ; les ducs de Lancastre et d'York s'y montrèrent plus favorables. Enfin au mois de juillet 1395 l'archevêque de Dublin, l'amiral comte de Rutland et le comte de Northampton maréchal d'Angleterre, vinrent à la tête d'une ambassade de plus de cinq cents personnes pour demander la princesse. On leur fit un accueil splendide ; le roi consulta les grands seigneurs du royaume, le duc de

Bourgogne approuva fort un tel projet, mais les ducs d'Orléans et de Berri craignaient de s'allier à un prince encore ennemi de la France.

Les ambassadeurs d'Angleterre furent présentés à la jeune Isabelle qui était à l'hôtel de Saint-Paul avec sa mère, le dauphin Charles et ses trois sœurs Jeanne, Marie et Michelle; après avoir rendu ses hommages à la reine, le maréchal d'Angleterre se présenta devant Madame Isabelle, et mettant un genou en terre il lui dit: Madame, s'il plaît à Dieu, vous serez notre dame et reine d'Angleterre.

La jeune fille sentit grandir sa raison en voyant qu'on la regardait avec importance; d'elle-même et sans y être excitée elle fit le plus gracieux accueil aux seigneurs d'Angleterre, et répondit avec aisance que s'il plaisait à Dieu et au seigneur son père, qu'elle fût reine d'Angleterre, elle le serait volontiers et se montrerait digne d'un tel honneur.

Les ambassadeurs retournèrent en Angleterre avec une réponse satisfaisante, et l'on remit l'accomplissement de la promesse au printemps prochain, parce que les mers étaient alors trop orageuses et la saison trop avancée.

Au mois de mars 1396 les conditions du mariage furent arrêtées, on convint d'une trêve de vingt-huit ans, et qu'Isabelle recevrait en douaire huit cent mille francs par termes annuels; qu'à l'âge de douze ans la princesse serait libre de consentir à ce mariage ou de s'y refuser, et ses héritiers ne devaient avoir aucun droit au trône de France; son père s'engagea à lui donner ses parures et joyaux, et à la faire conduire à Calais; le comte de Rutland épousa la princesse au nom du roi Richard; les noces qui eurent lieu au Palais furent magnifiques; on y vit les rois de France, de Sicile et de Navarre, plusieurs ducs, comtes, princes et barons; on échangea de merveilleux présents, et tous répétaient que la France effaçait tous les pays par la grandeur et la pompe de ses solennités.

Ce fut alors que le sire de Craon meurtrier de Clisson reçut sa grace; il avait un procès avec la reine de Sicile et fut condamné à payer de suite cent mille francs; comme il n'avait point cet argent il était retenu prisonnier au Louvre. La duchesse de Bourgogne qui le protégeait lui conseilla de s'adresser à Madame Isabelle pour obtenir de la reine de Sicile un délai de quinze jours. La petite reine fut enchantée de jouer déjà le rôle d'un grand personnage, c'était plaisant de voir combien elle y mettait de gravité et savait déjà faire la souveraine accordant graces et dignités. Ce premier essai du pouvoir fut un bienfait, Isabelle obtint de sa tante la liberté de Craon qui, n'ayant pu réunir la somme nécessaire, fut obligé de rentrer en prison.

Bientôt le roi Richard désira vivement qu'Isabelle vînt en Angleterre et il en parlait chaque jour au comte de Saint-Pol son beau-frère; le roi craignait surtout son oncle Glocester dont la popularité était immense ; Saint-Pol lui conseilla de le ménager en lui promettant l'appui du roi de France. On convint enfin que Richard irait à Calais et Charles VI à Saint-Omer ; ce prince était alors dans un moment de lucidité, il envoya le duc de Bourgogne conférer avec le roi d'Angleterre, et de toutes parts on s'apprêta à déployer la plus grande magnificence.

La petite Isabelle fit ses dévotions à Notre-Dame, puis à Saint-Denis et partit avec une suite nombreuse ; le duc de Bretagne en fesait partie, il perdait la jeune princesse que l'on avait promise à son fils, mais il ne renonça pas à une alliance avec la famille royale et obtint pour belle-fille, Jeanne, seconde fille du roi, dont les fiançailles furent aussitôt célébrées.

Richard II et Charles VI eurent une entrevue et l'on dressa deux camps entre Ardres et Calais ; chaque souverain avait avec lui quatre cents chevaliers et écuyers bien ordonnés et habillés. Le 27 octobre 1396, les ducs de Lancastre et de Glocester et le comte de Rutland s'informèrent auprès de Charles VI, des cérémonies à observer; le roi leur donna un anneau et envoya les ducs de Berri et de Bourgogne prendre les mêmes renseignements près du roi d'Angleterre; celui-ci répondit que le choix des vêtements et du cérémonial était peu important et qu'il fallait s'attacher à la confiance et à la bonne foi. Charles VI s'avança précédé du comte d'Harcourt qui portait l'épée de France, il avait un simple habit jusqu'aux genoux fourré de martre et un chapeau avec une cornette autour de la tête ; Richard portait une longue robe ; les deux rois s'embrassèrent et tous les chevaliers pleuraient d'attendrissement, on fit vœu d'élever une chapelle à Notre-Dame de la Paix, c'était enfin un touchant spectacle de concorde et d'union. On présenta bientôt les épices et le vin, et ils furent servis par les premiers seigneurs. Charles offrit à Richard une très belle coupe d'or garnie de pierres précieuses et une aiguière ; Richard donna à son beau-père un très beau vaisseau pour contenir de la cervoise. On entra dans la tente du roi de France pour régler les affaires, ce qui fut tenu secret; le lendemain il y eut pareille entrevue, un festin et un nouvel échange de présents magnifiques. Dans la nuit, un orage épouvantable ayant détruit une partie des tentes qui furent brisées, les superstitions du temps firent regarder cette circonstance comme un funeste présage.

Pendant ce temps, la jeune Isabelle était à Saint-Omer avec la reine de France, la duchesse de Bourgogne et les autres nobles dames ; jusqu'alors, avec toute l'insouciance de son âge, elle avait vu avec plaisir les préparatifs de son mariage, elle était enchantée des nouveaux honneurs qui l'environnaient; mais quand elle sut qu'il lui fallait quitter tous ceux qui l'entouraient depuis son enfance, elle se prit à pleurer et l'on eut peine à lui rendre sa gaîté ; elle éprouva surtout un vif regret de quitter sa jeune sœur Marie, âgée de trois ans, qui plus tard fut consacrée à Dieu et fut religieuse à Poissy : ainsi ces jeunes enfants furent sacrifiées l'une et l'autre, Isabelle sur le théâtre des splendeurs, devait en éprouver toutes les amertumes, et Marie devait être la victime offerte au Seigneur pour expier les malheurs de la France ; toutes deux laissent un souvenir doux et touchant au milieu des désordres du temps.

Isabelle, accompagnée des ducs d'Orléans, de Bourgogne et de Berri, arriva dans un équipage éblouissant; on admirait les chariots, les litières dorées, les guirlandes d'or et de de perles ; la petite reine vêtue d'une robe brodée de fleurs de lis, montait une belle haquenée, et portait une couronne sur la tête. Les duchesses de Lancastre et de Glocester, s'avancèrent au devant d'elle, ainsi que les dames anglaises de leur suite, et la conduisirent au roi d'Angleterre. Arrivée près de lui, elle se mit à ses genoux le reconnaissant pour son seigneur et maître ; ce prince tout ému la releva, l'embrassa et Charles VI la prenant par la main dit à Richard : « Mon fils, c'est ma fille que je vous avais promise, je vous la laisse, vous priant de l'aimer comme votre femme ; » Richard le promit. Le moment de la séparation fut pénible, il eut de l'influence sur la santé du roi de France qui, se laissant aller à l'émotion d'un père, ressentit les atteintes d'une nouvelle rechute ; Isabelle, faible enfant de sept ans, qui allait passer dans des mains étrangères, se mit à fondre en larmes ; elle fut enfin remise aux duchesses de Lancastre et de Glocester, et ne conserva près d'elle qu'une seule française, la dame de Courcy ; placée dans une riche litière, elle partit pour Calais.

Le roi d'Angleterre retint encore son beau-père à dîner dans sa tente ; le duc de Bourbon égaya ce repas par son humeur joyeuse ; le roi Charles semblait regretter que sa fille fût aussi jeune, mais Richard l'assura qu'il pensait surtout au bonheur des deux royaumes. Ils se séparèrent enfin en se fesant des présents plus magnifiques encore que les premiers ; Charles revint à Saint-Omer ; les ducs de Bourgogne et de Berri suivirent le roi Richard jusqu'à Calais, pour assister au mariage qui fut célébré le 4 novembre ; l'archevêque de Cantorbery fit la cérémonie, et la jeune reine fut couronnée ensuite à Westminster avec la magnificence ordinaire.

Mais ces fêtes brillantes devaient avoir une courte durée ; près du trône d'Angleterre se creusait un abîme, et Richard ne sut pas conserver la couronne des Plantagenets qui avait vu briller les Richard-cœur-de-lion et les Édouard III. Il fut détrôné par Henri de Lancastre, qui l'enferma dans une prison. Pendant ce temps, la gentille Isabelle comprenant à peine ce qui se passait autour d'elle, faillit être la victime des séditions qui l'environnaient : les compagnons de l'usurpateur s'emparèrent de la reine d'Angleterre et ne furent désarmés ni par sa grace enfantine, ni par sa cruelle situation; depuis qu'elle avait quitté la France, Isabelle avait été entourée de serviteurs anglais, et à peine avait-elle accordé sa confiance à ses nouveaux amis, qu'elle se les vit enlever par les ordres du duc de Lancastre, couronné sous le nom de Henri IV. Il ne lui fut permis de conserver que son confesseur et une simple demoiselle. Renfermée dans un château-fort, abandonnée de tous, elle y languit pendant deux ans. La France était trop agitée alors pour s'inquiéter du sort d'une jeune princesse livrée aux cruels ennemis de son époux, qui périt assassiné. Son malheureux père donna seul un souvenir à l'enfant exilé. Dans un de ces rares moments où la raison lui était rendue, il ordonna au seigneur de Hugueville et à maître Pierre Blanchet, conseiller et maître des requêtes de l'hôtel du roi, de se rendre en Angleterre pour délivrer Isabelle. Ils obtinrent un sauf-conduit; mais on les retint longtemps pour débattre de misérables intérêts au sujet de la dot d'Isabelle; la trahison les environnait, ils furent empoisonnés ; les Anglais voilèrent cette perfidie en disant qu'il régnait alors une grande mortalité. Blanchet mourut et Hugueville échappa.

Enfin, en 1401, après le retour de Hugueville, Isabelle fut ramenée à Calais : l'évêque de Chartres et plusieurs seigneurs allèrent la chercher, et elle fut remise entre les mains des Français ; les Anglais prirent congé d'elle en pleurant, car elle était belle alors, ce n'était plus une enfant folâtre et insoucieuse, le malheur l'avait grandie en peu de temps, et son cœur était à la hauteur de ses infortunes; revoir la France, tel était son plus cher désir, et lorsqu'elle fut rendue à sa famille et entourée de ses frères et sœurs, elle crut parfois qu'elle avait eu un rêve et que jamais elle n'avait été reine d'Angleterre. Elle atteignit ainsi l'âge où l'on peut contracter une union réelle, et Isabelle, veuve de Richard II, fut fiancée à Charles d'Orléans, comte d'Angoulême, neveu du roi Charles VI, et fils de Louis d'Orléans et de Valentine de Milan. Les noces furent célébrées le 29 juin 1406. Isabelle perdait son titre de reine et prenait un époux de deux ans plus jeune qu'elle ; encore une fois elle sentit qu'une raison d'état formait cette seconde union, et elle ne put s'empêcher de verser des larmes sur le sort des filles de rois dont la volonté n'est jamais consultée ; mais la douceur du prince vainquit sa répugnance, et les vertus de Valentine achevèrent de gagner son cœur ; dès-lors elle s'attacha sincèrement à sa belle-mère, qui lui témoigna mille fois plus de tendresse que la reine de France ; ces aimables enfants, l'un de dix-sept ans, l'autre de quinze, charmèrent la solitude de Valentine, qui, délaissée de son époux, prit un soin touchant à former leur esprit et à leur donner une éducation supérieure à celle que l'on recevait alors. Charles d'Orléans eut l'âme d'un poète, et sut trouver de suaves inspirations dans les entretiens de Valentine et d'Isabelle ; il nous charme par ses douces rêveries au milieu de tant de guerres et de sang.

L'assassinat du duc Louis d'Orléans vint bouleverser leur paisible existence ; Valentine animée du seul désir de venger son époux, amena avec elle ses enfants éplorés, et l'on vit Isabelle la suivre partout dans son rigoureux devoir, et se jeter aux pieds de son père, qui ne reconnut pas l'enfant qu'il avait tant aimée. Valentine mourut de désespoir, Charles et Isabelle restèrent les deux seuls représentants de cette famille d'Orléans, qui vouait une haine implacable à la maison de Bourgogne, et dont les dissentions devaient bouleverser la France.

Isabelle ne vit pas la suite de tant de calamités, elle mourut en donnant le jour à une fille, le 13 septembre 1409, à l'âge de vingt ans. Faible tige de l'arbre des Valois, elle eut un trône pour en connaître la fragilité, et devenue simple duchesse, elle ne vécut que pour déplorer l'ambition des partis et s'étonner de tant de crimes et de perversité.

Sa fille épousa le duc d'Alençon.

BONNE D'ARMAGNAC.

BONNE D'ARMAGNAC.

Bonne d'Armagnac était fille du fameux Bernard, comte d'Armagnac, et de Bonne de Berri, petite-fille du roi Jean II. Son père, actif, brave et rempli d'ambition, après avoir étendu sa domination sur tous les fiefs du midi tourna ses regards sur un plus vaste théâtre : la maladie de Charles VI, les querelles des princes, la route sanglante ouverte par l'assassinat de Louis d'Orléans, tout devait favoriser un esprit remuant, énergique et capable de soutenir un rôle important. La maison d'Orléans frappée dans son chef pliait devant ses cruels ennemis, et Bernard, considérant que ce parti n'avait pour soutien que trois jeunes princes dont l'aîné atteignait à peine dix-neuf ans, résolut d'en être l'appui et de faire une guerre éternelle à Jean-sans-Peur. Charles d'Orléans, dont l'ame tendre et mélancolique était peu disposée à guerroyer et à soutenir la rivalité, vit avec plaisir le comte se faire le champion de sa cause, et les deux factions continuèrent à se déchirer sous les noms trop fameux d'*Armagnacs* et de *Bourguignons*.

Cette union de Bernard et de Charles fut cimentée par le mariage de Bonne avec le jeune duc ; elle avait alors dix-sept ans, et le prince dix-neuf. Les noces furent célébrées en 1410, à Poitiers, avec une grande magnificence.

La nouvelle duchesse était digne de comprendre le caractère de son époux ; elle lui communiqua l'énergie qui lui manquait et le seconda dans toutes ses entreprises. C'était l'ame de Valentine de Milan qui semblait renaître dans la jeune princesse d'Armagnac, et Charles qui avait toujours présent à l'esprit celle qui avait guidé ses premiers pas, trouvait dans Bonne ce courage et cet héroïsme qui lui rappelaient sa mère, et lui enseignaient que Valentine, morte de désespoir, était aussi la victime du Bourguignon, et qu'en combattant ce prince c'était un père et une mère qu'il avait à venger.

Aussi fut-il presque toujours éloigné de sa compagne, et ne passa-t-il que de très rares instants près d'elle; son génie tout poétique s'enflamma pour chanter celle qu'il adorait. Bonne fut l'ange de ses rêves, l'idéal de ses pensées, celle qui sut inspirer ses chants les plus chevaleresques.

Cinq années se passèrent ainsi, Charles tantôt à la tête des armées reprenait peu à peu tous les droits de son rang; tantôt auprès de la duchesse, il venait goûter ces charmes de la vie intime, ce bonheur de tous les jours qu'il célébrait avec enthousiasme; alors, il était le troubadour à l'ame ardente et passionnée, puis l'instant d'une cruelle séparation venait briser de si doux entretiens, et le poète ne savait plus que gémir sur les chagrins de l'absence. Une maladie de celle qu'il aimait lui inspira ces chants mélancoliques :

> Hélas ! hélas ! qui a laissé entrer
> Devers mon cueur doloreuse nouvelle !

Et plus loin :

> .... Fortune n'est pas si très cruelle
> Qu'elle voulsist hors de ce monde oster
> Celle qui est des princesses l'estoile.

Et lorsque les jours heureux sont revenus, lorsque Bonne lui est rendue, il s'écrie que :

> . . . . ses yeux essuyoit
> Que de plourer moilliez avoit,

Disant : « Il est temps que rappelle
Espoir qui délaissié m'avoit :
Saint-Gabriel ! bonne nouvelle ! »

Pourquoi faut-il que grace, jeunesse, esprit, beauté, ne soient qu'un songe sur la terre, et n'apparaissent un instant que pour s'éloigner à jamais ; le doux langage, l'union si chère, le bonheur si parfait, tout s'évanouit quand se leva la journée d'Azincourt, qui brisa tant de nobles fleurons, et détruisit pour longtemps ce qui restait de vaillants défenseurs à la couronne de France.

Les guerres civiles allaient avoir le plus funeste résultat, et le pays que la sagesse du roi Charles V avait délivré du joug étranger, allait retomber sous la domination des Anglais, qui profitèrent des discordes pour faire invasion dans le royaume ; la bataille d'Azincourt fut désastreuse, et plus cruelle encore que celle de Crécy et de Poitiers, elle laissait la France en proie aux factions les plus impitoyables, livrée à la merci des Anglais, avec un roi en démence et une reine plus insensée encore, qui osa livrer à Lancastre l'héritage sacré des Valois. Honte à Isabeau de Bavière, car elle vécut dans le siècle des Valentine Visconti, des Christine de Pisan, des Jeanne d'Arc, et ne fut que l'opprobre de son sexe. Ces temps de misère qui virent nos campagnes désolées, nos provinces brûlées et ravagées, préparèrent cependant une génération nouvelle qui devait se relever par l'excès même du malheur, et qui vit naître la vierge de Domremy. Charles d'Orléans combattit à Azincourt avec la plus grande bravoure; il fut ramassé vivant encore sous un monceau de morts et de blessés, et resta prisonnier avec le duc de Bourbon, les comtes d'Eu, de Vendôme et de Richemont, le maréchal Boucicaut et quinze cents chevaliers et écuyers. Il fut conduit en Angleterre et ne revit pas sa fidèle amie, qui mourut un mois après en 1415. Bonne d'Armagnac n'avait pu supporter ce coup terrible; elle s'éteignit dans la douleur à l'âge de vingt-deux ans. Charles pendant une captivité de vingt-cinq années, laissa le comte d'Armagnac réorganiser un parti que ce seigneur déshonora souvent par des cruautés affreuses et de sanglantes représailles; séparé pour toujours de celle qu'il aimait, il cesse de répéter ses chants d'amour, et sa muse plaintive ne s'adresse plus qu'aux doux souvenirs de la patrie; il regrette dans l'exil le beau soleil de France, la douce aménité des cours, et pleure la princesse enlevée sitôt à son amour par cette triste ballade :

> Las mort ! qui t'a fait si hardie
> De prendre la noble princesse
> Qui estoit mon confort, ma vie,
> Mon bien, mon plaisir, ma richesse !
> Puisque tu as prins ma maistresse,
> Prens-moy aussy, son serviteur ;
> Car j'ayme mieulx prouchainnement
> Mourir, que languir en tourment,
> En paine, soussy et douleur.

MARIE DE CLÈVES.

MARIE DE CLÈVES.

Le château de Windsor devint la royale prison que l'Angleterre ouvrit à Charles d'Orléans. Le prince captif, tout entier à l'amertume de ses pensées, regretta la patrie qu'il avait perdue, et en voyant le ciel sombre et pluvieux de la terre d'exil, le brouillard épais, le deuil de la nature qui l'entourait d'un froid linceul, il ne sut plus que répéter une douce et mélancolique poésie.

Vingt-cinq années se passèrent ainsi, et en France on oubliait le prisonnier, car Valentine de Milan, Bonne d'Armagnac n'existaient plus, et elles seules auraient songé à sa délivrance. Mais Dieu avait jeté un regard de pitié sur le royaume. Après la mort de Charles VI, son fils le Dauphin, d'abord réduit à la seule ville de Bourges, recouvra peu à peu ses états par la vaillance de ses braves défenseurs, et plus encore par le secours miraculeux de Jeanne d'Arc.

Une fille des champs, une villageoise au cœur simple, à l'ame exaltée, ayant une foi inébranlable et pure, puisa dans sa confiance en Dieu la fermeté nécessaire pour accomplir une mission toute divine; ses mains accoutumées aux rustiques travaux des campagnes, s'armèrent d'une lance et d'une épée, sa tête couverte d'un simple chapeau de paille, revêtit le casque des guerriers, et la timide bergère devina la science militaire et sut vaincre et chasser les Anglais. Puis quand le succès eut répondu à tant d'efforts, elle eut pour récompense l'abandon et la mort ; le roi de France oublia celle qui lui avait rendu sa couronne, et l'Anglais lui fit payer par un supplice affreux la honte qu'il éprouvait d'avoir été vaincu par une femme. Jeanne mourut en priant, et elle seule donna un souvenir au prince exilé ; elle prédit sa prochaine délivrance.

Plus tard, lorsque Charles VII fut véritablement roi de France, et seul possesseur de son héritage, il se réconcilia avec le duc de Bourgogne, Philippe-le-Bon, et aux conférences de Saint Omer, on s'occupa de la rançon de Charles d'Orléans. Isabelle de Portugal, duchesse de Bourgogne, parvint à obtenir sa liberté et proposa une alliance entre les deux familles, par le mariage du prince avec la jeune Marie de Clèves, nièce du duc Philippe, et élevée dans la maison de Bourgogne.

Marie de Clèves était fille d'Adolphe, duc

de Clèves, comte de la Marck et de Marie, fille de Jean-sans-Peur; elle était alors dans tout l'éclat de la jeunesse et de la beauté, avec un esprit élevé et adonné au culte des belles-lettres, tel qu'on pouvait le faire à cette époque; quoique une assez grande distance d'âge séparât les nouveaux époux, puisque Charles avait près de cinquante ans, les mêmes goûts, les mêmes sympathies purent leur faire entrevoir un heureux avenir.

Ce fut le 12 novembre 1440, que le duc d'Orléans entra dans Gravelines, où vint le recevoir la duchesse de Bourgogne; il est impossible de décrire la joie qu'il éprouva en foulant de nouveau le sol de la patrie qu'il avait cru ne plus revoir; il rendit grace à sa libératrice qui voulait, par une heureuse union, faire oublier les vieilles haines de leurs familles; quelques jours après, le duc de Bourgogne arriva et l'on vit commencer une réconciliation franche et loyale. Tous les seigneurs applaudirent à tant de courtoisie, les présents, les fêtes splendides se succédèrent, et le 16 novembre 1440 eurent lieu les fiançailles du duc d'Orléans et de la princesse Marie de Clèves ; huit jours après le mariage fut célébré avec magnificence ; Philippe-le-Bon tint un chapitre extraordinaire de son ordre de la Toison d'Or, afin d'y recevoir le duc d'Orléans, qui lui donna en échange l'ordre du Porc-Épic.

Le duc de Bourgogne partit pour Gand, et le duc et la duchesse d'Orléans traversèrent la France au milieu des acclamations les plus unanimes. Les gentilshommes accouraient de toutes parts, briguant l'honneur de servir le prince, et les femmes des plus nobles maisons s'empressaient autour de la nouvelle duchesse d'Orléans. Ils arrivèrent ainsi à Paris, le 14 janvier ; partout on les regardait comme des libérateurs, et Charles promit de faire tous ses efforts pour consolider une paix durable.

Charles VII cependant voyait avec déplaisir les nouveaux hommages qui entouraient le duc d'Orléans ; il était mécontent de ce qu'il avait porté ses premiers devoirs au duc de Bourgogne, et il lui fit entendre qu'il eût à se présenter devant lui sans être entouré d'un orgueilleux cortége. Le duc mécontent se retira dans sa seigneurie d'Orléans, puis il alla habiter le château de Blois.

La mort de Philippe-Marie Visconti, vint seule troubler la solitude de Charles ; cet évènement lui laissait des droits à la conquête du duché de Milan, par sa mère Valentine ; il fit un voyage en Bourgogne avec Marie de Clèves, et obtint un secours d'hommes et d'argent ; mais cette entreprise ne fut pas heureuse ; il ne put s'emparer que du comté d'Asti.

Ce fut alors que revenu dans son château de Blois, Charles oubliant la scène politique, se livra tout entier aux belles-lettres et à la poésie, et ce furent peut-être les plus heureuses années de sa vie. Marie de Clèves partageait les travaux de son époux et dans une société encore à l'état d'enfance, elle sut par une ingénieuse délicatesse, former une cour d'élite qui rappelait les plus beaux temps des troubadours et de la chevalerie. C'était une noble lice où devaient combattre, non pas les plus forts et les mieux armés, mais bien ceux qui, par leur beau langage et leurs gracieuses ballades, osaient réclamer la palme littéraire.

Le souvenir de Jeanne d'Arc était souvent évoqué. Charles se rappelant la prédiction de la femme inspirée qui lui avait promis la fin de son exil, combla de bienfaits la famille de Jeanne qui languissait dans l'indigence et l'oubli.

Quelques voyages dans les seigneuries d'Orléans et dans plusieurs villes de France, des pèlerinages ayant toujours pour but une pieuse intention, telle fut la vie du duc et de la duchesse; aussi leur séjour fut il entouré d'un saint respect; c'était un honneur d'être admis aux réunions présidées par Charles, qui eurent pour auditeurs le roi de Sicile, les comtes de Nevers, d'Alençon, d'Etampes, et où les plus simples officiers de Charles étaient les bienvenus, pourvu qu'ils s'exerçassent au brillant champ-clos de la littérature naissante. Cette école et cette lutte intellectuelle sont peu connues et mériteraient de fixer l'attention de nos critiques modernes. Elles furent le berceau de notre langue française et lui donnèrent une impulsion poétique qui ne cessa de s'accroître jusqu'à l'époque de la renaissance : Villon beaucoup trop loué aux dépens du prince troubadour, lui dut ses premiers modèles.

Marie de Clèves, souvent intéressée dans les questions les plus fines et les plus délicates ne fut pas seulement juge dans ce nouveau tribunal littéraire. On nous a conservé de cette princesse deux rondeaux qui sont supérieurs à la plupart des poésies de ce temps.

PREMIER RONDEL.

En la forest de longue attente,
Entrée suis en une sente ;
Dont oster je ne puis mon cueur.
Pourquoy je viz en grant honneur
Par fortune qui me tourmente.

Souvent espoir chascun contente
Excepté moy, poure dolente !
Qui nuit et jour suis en doleur.
En la forest de longue attente
Entrée suis en une sente
Dont oster je ne puis mon cœur.

Ay-je donc tort se me garmente
Plus que mille qui soit vivente?
Par Dieu ! nennil veu mon maleur,
Car ainsi m'aist mon créateur
Qu'il n'est paine que je ne sente
En la forest de longue attente.

Dans le second rondel, Marie de Clèves

épanche les peines secrètes que son rang l'obligeait à cacher.

SECOND RONDEL.

L'habit le moine ne fait pas,
Car quelque chière que je face
Mon mal seul tous les autres pace
De ceulx que tant plaignent leur cas.
Souvent en dansant fais maint pas
Que mou cueur près en dueil trespace :
L'habit le moine ne fait pas.

Las ! mes yeulx gectent sans compas
Des larmes tant parmy ma face
Dont plusieurs foiz je change place
Alant apart pour crier las !
L'habit le moine ne fait pas.

Marie de Clèves donna le jour à deux filles : l'une fut abbesse de Fontevrault ; l'autre, Marie d'Orléans, épousa Jean de Foix, comte d'Etampes, et vicomte de Narbonne, et fut mère du célèbre Gaston de Foix, qui périt à la bataille de Ravenne, enseveli dans son triomphe.

Enfin en 1462, elle eut un fils, qui fut plus tard le roi Louis XII ; cette naissance combla de joie le vieux duc d'Orléans, qui avait craint de voir s'éteindre sa famille. Mais ce fut son dernier bonheur, sa santé s'altérait de jour en jour ; Louis XI avait succédé à Charles VII, et il était facile de voir qu'il s'inquiétait du calme et de la vie littéraire de Charles d'Orléans. Ce prince ayant voulu, aux états de Tours, défendre les intérêts du duc de Bretagne, le roi lui fit entendre des paroles remplies de reproches et de dureté ; il se retira dans ses terres, et mourut à Amboise, le 4 janvier 1465, pleuré de tous, excepté de Louis XI.

Marie de Clèves se livra tout entière à l'éducation de son fils, qui se trouvait le premier prince du sang, et peut-être l'héritier du trône, puisque Louis XI n'avait pas encore d'enfant mâle ; la vivacité extraordinaire du jeune Louis d'Orléans, l'empêcha d'abord de profiter avec avantage des leçons de sa mère, qui lui donna deux habiles gouverneurs ; mais c'était une nature intelligente, et quoiqu'il fît d'abord peu de progrès dans les sciences, il montra de l'application pour l'étude de l'histoire. Marie de Clèves, pour combattre la violence et l'emportement de son caractère, le fesait quelquefois châtier par un homme masqué, afin que le prince ne connût point celui qui l'avait corrigé, et ne pût conserver aucune haine contre lui ; cette précaution était sans doute inutile, car Louis d'Orléans dédaigna toujours la vengeance comme un sentiment indigne d'un grand homme.

Bientôt le jeune duc parut à la cour de France, et acheva son éducation militaire. Marie de Clèves, demeurée seule, contracta une union secrète avec le sire de Rabondanges, seigneur de Gravelines, et vécut dans la retraite, ne cessant cependant de veiller aux intérêts de son fils ; lorsqu'il fut question de le marier avec Jeanne de France, fille de Louis XI, elle voulut s'y opposer, car il était présumable que cette princesse boiteuse et difforme, ne donnerait jamais d'héritier à la maison d'Orléans. La duchesse ne pouvait connaître par quelles vertus et quelle angélique résignation la princesse Jeanne réparait la laideur qui l'avait frappée; et ce furent les menaces de Louis XI, qui parlait de renvoyer Marie en Allemagne, si elle refusait d'obéir, qui la firent consentir à cette triste union. Le roi de France, ayant entendu Louis d'Orléans vanter ironiquement la beauté de Jeanne, lui répondit avec aigreur : vous oubliez de dire, que la princesse est non seulement vertueuse et sage, mais qu'elle est fille d'une mère dont la sagesse n'a jamais été soupçonnée. C'était un reproche adressé à Marie de Clèves, dont le second mariage avait été blâmé par la noblesse de France, et qui était pour ainsi dire, déchue du titre de douairière d'Orléans. Elle mourut à Chauni en Picardie, l'an 1487, sous le règne de Charles VIII. Son corps fut porté à Blois, pour y être inhumé dans l'église des Cordeliers. Celui de Charles, son premier époux, reposait dans l'église de Saint-Sauveur de la même ville. L'an 1504, le comte de Dunois, les fit transporter aux Célestins de Paris.

JEANNE DE FRANCE.

JEANNE DE FRANCE.

La cour de France, chevaleresque et frivole sous les premiers Valois avait malgré les malheurs publics conservé un caractère d'imprévoyance et de légèreté, qui bien souvent insultait à la misère du peuple : ni la désolation des campagnes, ni les ravages des Jacques, des Compagnies et des Navarrais, n'avaient empêché les fêtes courtoises que le roi Jean offrait aux preux chevaliers, le luxe effréné de la reine Isabeau de Bavière, et les plaisirs dans lesquels se plongeait le roi Charles VII, alors que l'Anglais était encore à ses portes, et que Lahire, Dunois et Xaintrailles versaient tout leur sang pour la défense de son trône.

Mais avec Louis XI, la scène change, le prestige disparaît ; ce n'est plus le chevalier éblouissant par l'éclat de tout ce qui l'entoure, c'est le roi qui semble vouloir oublier la pompe et les splendeurs, pour grandir appuyé d'une autorité moins brillante, mais plus solide, et affermie aux dépens de cette féodalité qui fit payer trop cher à ses prédécesseurs, l'appui souvent dangereux de ses armes et de ses guerriers. Louis XI continua l'œuvre commencée à peine par Philippe-Auguste, Philippe IV et Charles V ; plus tard on en ressentit les bienfaits, mais la transition était trop brusque et ce règne nous apparaît triste et sanglant, avec ses tortures secrètes, ses echafauds dressés, ses supplices effrayants qui arrêtent à chaque pas, et viennent glacer de terreur et d'épouvante.

C'est aux environs de Plessis-lès-Tours, que se retrouvent ces images sinistres; c'est là que le vieux Louis XI établit sa demeure, entouré de Tristan l'Ermite qu'il appelle son compère, et qui est l'exécuteur de ses sombres arrêts, de maître Olivier-le-Daim, dit le diable, son barbier, et d'André Coytier son médecin, qui le dirige à son gré, car Louis XI a peur de mourir; le vieux manoir avec ses tours crènelées, ses larges fossés, ses grilles de fer, ressemble plus à une prison qu'à un château royal; au lieu de ces beaux arbres chargés de fruits et de verdure, on aperçoit les squelettes des infortunés que le roi a fait pendre, et qui restent suspendus comme pour défendre l'entrée d'un pareil séjour.

Ce roi n'a réellement pas de famille, et pourtant il a trois enfants : le dauphin Charles, élevé au château d'Amboise; et privé d'éducation par ce père absolu, qui lui inculque comme toute science, qu'il faut savoir dissimuler pour savoir régner; Anne de France, fille aînée de Louis XI, et mariée au sire de Beaujeu, esprit adroit, insinuant, qui seule peut-être comprend le caractère du roi, et qui, prompte à profiter de la moindre circonstance, renferme dans son ame les germes d'une immense ambition; enfin la princesse Jeanne de France, seconde fille du roi, petite, faible, boiteuse, légèrement contrefaite et rachetant par la plus humble modestie la laideur dont le ciel l'a frappée.

Jeanne, dont le nom retentit à peine dans l'histoire, est la simple violette perdue au milieu des brillantes fleurs qui l'environnent; mais, si Dieu lui refusa la beauté, en revanche, il lui donna avec profusion les qualités les plus belles, les plus admirables, et dont une seule mériterait un éloge particulier; dès son enfance, elle sembla vouée au malheur; et jamais elle ne démentit son beau caractère de patience, de vertu et de parfaite résignation.

Cette princesse naquit en 1464, et montra bien jeune, des qualités supérieures ; non seulement elle était sensible et faite pour apprécier et comprendre les sentiments les plus élevés, mais encore son esprit était développé, et son intelligence capable de recevoir la plus belle culture ; Louis XI ne lui témoigna jamais d'amitié ; ce faible rejeton, cette petite fille craintive et tremblante, dont la démarche était mal assurée, et qui s'offrait dépourvue de tout charme extérieur, passait inaperçue sous les yeux du roi, qui ne connut jamais le cœur qui battait sous cette frêle enveloppe; il ne lui fit point donner d'instruction, cependant elle reçut quelques notions d'histoire et des langues étrangères; sa grande facilité lui fit faire de rapides progrès, elle acquit de bonne heure un jugement solide, un esprit profond et observateur.

La politique de Louis XI le portait à dominer entièrement les princes et les grands du royaume; il conçut la pensée d'unir Jeanne de France au duc d'Orléans, qui se trouvait le plus proche héritier de la couronne, après le dauphin Charles; tout devait plier devant une telle volonté; ce mariage eut lieu en 1476, la princesse n'avait que douze ans, et le prince quatorze. Malgré sa jeunesse, Jeanne fut comme effrayée d'une telle union ; elle se sentait toute disposée à aimer le duc d'Orléans, mais une sorte de pressentiment vague lui causait de l'inquiétude, elle n'avait jamais songé qu'elle pourrait se marier ; privée des dons de la beauté, elle avait porté toutes ses pensées vers la piété et la charité; accoutumée dès l'enfance à trembler devant le roi, qui jamais ne lui avait témoigné la plus légère affection, elle était comme habituée à vivre isolée; sa sœur, la belle duchesse de Beaujeu, fière et hautaine, n'était pas une amie pour elle, et Jeanne se trouvant délaissée entièrement, s'entourait des pauvres et des affligés qu'elle aimait comme une seconde famille, partageant leurs douleurs, s'initiant dans leurs souffrances, et toute jeune encore, trouvant des paroles bienveillantes, qui portaient partout de bien douces consolations. Aimer, travailler et prier, telle avait été la vie de Jeanne, lorsqu'elle apprit un jour qu'elle allait devenir l'épouse de Louis d'Orléans.

Le duc était trop jeune aussi pour bien comprendre l'union qu'il formait ; il connaissait Jeanne depuis sa naissance, il l'aimait comme une amie, comme une sœur, mais jamais il ne lui était venu à l'idée qu'elle pût devenir sa femme. Ce prince était bon et capable de bien reconnaître toutes les vertus de Jeanne, mais il n'avait pu s'empêcher de remarquer combien elle différait des autres femmes, qu'il voyait si brillantes, et dont la plus belle et la plus noble aurait brigué l'honneur de devenir son épouse, car Louis d'Orléans était déjà cité comme le plus beau et le plus charmant cavalier de la cour de France.

Ce n'était donc que l'obéissance qui l'obligeait à former un pareil mariage, il savait qu'il s'agissait pour lui de la liberté, ou de plus encore, et cette soumission forcée diminua en lui l'affection que Jeanne aurait pu lui inspirer, s'il n'avait été contraint de l'unir à sa destinée.

Sept années s'écoulèrent ainsi, années remplies de tristes pressentiments pour la pauvre Jeanne ; si elle n'éprouva pas alors de ces infortunes éclatantes, de ces catastrophes soudaines et imprévues, qui donnent à l'ame la force de les braver, son cœur eut à subir mille épreuves, à endurer mille angoisses secrètes, que sa sensibilité lui rendait plus poignantes encore ; elle devina que la coupe du malheur n'était point épuisée, qu'il fallait souffrir pendant bien des jours, et son unique consolation était de soulager les pauvres ; chez elle, ce n'était pas seulement la compassion, la pitié qu'inspirent les maux de nos frères, c'était une charité tout ardente, un besoin de son âme, de venir en aide à ceux qui pleuraient et qui souffraient, moins encore peut-être que la royale princesse qui venait essuyer leurs larmes.

Cette vie humble et cachée fut cependant connue et admirée du vénérable François de Paule, qui était si digne de la comprendre; ce vieillard que les pompes de la terre n'éblouissaient pas, et qui trouvait pour tous des paroles de paix et de consolation, avait été appelé du fond de l'Italie par les ordres de Louis XI. Le vieux roi accablé des plus sombres images, déchiré par des remords implacables, crut que Paule n'avait qu'à parler pour lui rendre le calme et l'espoir qui le fuyaient. Ce saint homme, qui ne connaissait point les complaisances que les courtisans vendent à leurs souverains au prix de leur conscience, fit comprendre au roi mourant que le repentir, et non de vaines offrandes, que la clémence, et non l'endurcissement dans la cruauté, pourraient seuls faire descendre le pardon du ciel. C'est à lui qu'on doit le calme et la sérénité que Louis XI montra dans ses derniers moments ; ce prince, si longtemps égaré par ses terreurs, étonna tout le monde à son heure suprême par sa force d'ame et par son courage, il régla lui-même l'ordre de ses funérailles, donna de sages avis au jeune dauphin, s'occupa des affaires de l'état et laissa la régence à sa fille aînée, la duchesse de Beaujeu.

Jeanne, qui aimait son père malgré l'indifférence qu'il lui avait toujours témoignée, fut frappée de ce malheur qui semblait lui en annoncer de nouveaux. François de Paule qui n'avait plus rien à faire à la cour, repartit pour aller répandre ailleurs ses saintes consolations. Seule, dans cette foule immense des puissants de ce monde, la duchesse d'Orléans avait su lui inspirer un touchant intérêt. « J'ai vu, disait-il, dans ma longue carrière, de grandes douleurs, de grandes fautes et de grands repentirs, mais Jeanne est au-dessus de la vertu humaine, je la bénis, je la plains, je l'admire, que Dieu la soutienne, car sa place n'est point sur la terre, où j'entrevois pour elle de cruelles souffrances. »

Le saint homme ne se trompait pas, l'avenir fut une lutte pénible pour le cœur sensible de la princesse ; Jeanne n'était pourtant pas ambitieuse ; pour réaliser les plus beaux rêves de cette ame aimante, il lui fallait une famille, et son père avait été indifférent pour elle ; sa sœur, dominée par l'ambition, ne songeait qu'à acquérir le pouvoir souverain ; son jeune frère, faible et timide enfant élevé tristement à Amboise, n'avait connu que la crainte et l'isolement ; son époux ne lui témoignait que des égards, et l'amour profond que Jeanne aurait été si fière de lui prodiguer, il fallait qu'elle le repliât bien au fond de son cœur, sous peine d'être au moins ridicule. Il eût paru singulier que Jeanne la boiteuse, instrument de la politique de Louis XI, que celle qui, au lieu de s'ensevelir dans un cloître, prenait rang parmi les grandes princesses, eût la prétention d'être leur égale au lieu d'accepter une destinée que Dieu semblait avoir marquée d'un sceau réprobateur. Oh! combien de fois elle mouilla de larmes amères ses vêtements somptueux qui paraissaient une dérision de sa triste vie, combien de fois n'envia-t-elle pas le sort de la plus pauvre des femmes du peuple, qui après une journée de rude labeur se reposait de ses fatigues, en folâtrant avec de beaux enfants, et qui, belle et rayonnante, jouissait des biens les plus précieux auprès d'un époux adoré, et Jeanne était seule, toujours seule!

Les orages politiques commencèrent à se former; Charles VIII était trop jeune pour régner par lui-même; Anne de Beaujeu se fit déclarer régente; mais le duc d'Orléans voulut lui disputer le pouvoir, et prétendit gouverner au nom du roi mineur; trop faible pour résister alors, puisque la duchesse de Beaujeu était déjà maîtresse de l'autorité, il dissimula son ressentiment et s'éloigna de la cour pour susciter partout des ennemis à la régente. Jeanne fort affligée du départ du prince, comprit toute l'indifférence qu'il éprouvait pour elle; de son côté, Anne de Beaujeu augmenta souvent les tourments de la duchesse d'Orléans, en la surveillant sans cesse, afin de découvrir les intelligences qu'elle pouvait avoir conservées avec le duc, et en interprétant d'une manière perfide les moindres impressions et les moindres démarches de la princesse; le jeune roi d'un naturel doux et timide n'osait encore manifester une volonté, mais il était facile de s'apercevoir que le joug hautain de la régente lui pesait, et qu'il conservait un secret penchant pour le duc d'Orléans, qui l'avait quelquefois visité dans sa retraite d'Amboise, et qui avait charmé ses loisirs par le récit merveilleux des prouesses des chevaliers. Charles, comme un enfant que l'on endort en le berçant de contes féeriques, avait un souvenir enthousiaste des hauts faits qu'on lui avait racontés, et se promettait, si Dieu lui prêtait vie, d'imiter ses ancêtres, et de se montrer digne des anciens preux.

Pendant ce temps le duc d'Orléans avait gagné les terres de Bretagne, où le duc François II l'avait accueilli avec les plus grands honneurs ; tous deux unis alors par les mêmes intérêts, résolurent d'attaquer la régente et de lui arracher le pouvoir qu'elle s'était arrogé. Cependant les choses traînaient en longueur, et Louis ne paraissait plus aussi empressé de prendre les armes ; il ne pouvait se dissimuler l'émotion qu'il avait ressentie en voyant la princesse Anne de Bretagne, fille du duc François, et celui-ci de son côté semblait regretter que Louis ne fût pas libre, et ne pût devenir son gendre. Le duc d'Orléans dissimula ses impressions, la jeune princesse tout en remarquant les qualités éminentes dont il était doué, n'eut pas même la pensée de croire une alliance possible, et les liens qui engageaient le duc furent assez puissants, pour retenir les sentiments qu'elle aurait pu éprouver dans une autre situation.

Jeanne de France connut bientôt ce nouveau malheur; elle en gémit, et elle parvint découvrir ce qui devait la frapper sans retour : tout lui fut dévoilé, car elle aimait son époux, et son cœur alarmé devinait promptement ce qui devait porter de nouveaux coups à sa sensibilité; à ce sujet elle fut peut-être plus profonde politique que sa sœur de Beaujeu, qui pour connaître les intelligences de Louis, disposait de toutes les forces d'un état, et de tous les moyens publics et secrets que donne la toute-puissance.

Il y eut encore de nouvelles intrigues, des cabales, des murmures; enfin secouru par plusieurs seigneurs, qui tous détestaient le joug d'une femme, le duc d'Orléans osa livrer bataille à la régente, et vint se faire battre dans les plaines de Saint-Aubin-du-Cormier, par le vaillant la Trémouille, qui le fit prisonnier et l'envoya au château d'Angers, où se trouvait la cour; Louis fut transféré de prison en prison à Sablé, à Lusignan, puis dans la forteresse de Bourges, où il languit pendant trois ans; son geolier Guérin lui rendit cette captivité bien dure, en lui fesant subir les plus affreux traitements.

Jeanne de France sentit alors renaître tout son courage; son ame abattue se ranima promptement, elle trouva une soudaine énergie dont elle ne se serait peut-être pas crue susceptible; il fallait agir, Louis souffrait, tous ses amis l'abandonnaient, il n'avait que Jeanne, qui ne cessa d'employer les prières les plus touchantes, et de supplier tour à tour et le roi, et sa sœur, et les courtisans mêmes qui auraient pu avoir de l'influence à la cour; elle n'obtint rien, Charles lui témoigna la plus grande bienveillance, mais il ne régnait pas encore, il ne lui donna que de l'espoir; c'était bien peu, car Jeanne aurait voulu annoncer au prince qu'il était libre, et elle ne pouvait que partager sa captivité. Elle se rendit près de lui, quel ne fut pas son effroi en revoyant cet époux adoré, pâle, souffrant, accablé des plus dures privations, et enfermé la nuit dans une cage de fer. La princesse ne se laissa pas abattre par ce spectacle affreux, sa douceur unie à la fermeté d'une femme opprimée dans ce qu'elle aime, imposa assez aux gardiens du prisonnier pour obtenir quelque adoucissement au traitement de Louis, et ce prince dont le cœur était bon, ne put s'empêcher d'admirer la vertu de Jeanne; il apprécia les trésors de dévoûment qu'elle lui prodiguait sans cesse, rougit de ses torts envers elle, et chercha à les lui faire oublier; chaque douce parole, chaque marque d'amitié était pour la duchesse un bienfait, qui lui rendait cent fois plus de bonheur qu'elle n'en avait jamais espéré.

Jeanne ne cessait d'adresser au roi les plus vives supplications pour obtenir la délivrance de Louis. Charles commençait à régner par lui-même, et l'autorité d'Anne de Beaujeu déclinait de jour en jour ; il céda enfin aux larmes de sa sœur, et alla lui-même délivrer le malheureux prince ; il fut saisi d'horreur à la vue des souffrances qu'avait endurées le pauvre duc, et se jetant dans ses bras, il lui promit l'oubli du passé, lui demandant en ami que ce jour fut le signe d'une sincère réconciliation, et que les partis cessassent de désoler la France. Louis, corrigé par l'adversité et qui aimait son jeune roi, lui jura un dévoûment et une soumission sans bornes ; il se réconcilia avec les princes de Beaujeu, et devant le comte de Dunois, l'évêque Georges d'Amboise et d'autres nobles personnages, on s'engagea à confondre les anciennes dissentions pour ne plus se montrer que vaillants et fidèles sujets du roi Charles.

Il se passa encore un évènement qui dut avoir de l'influence sur la destinée de Jeanne. Le duc François II était mort peu après la défaite de Saint-Aubin les partis agitaient la

Bretagne, et la jeune héritière Anne était fiancée à l'empereur Maximilien. Mais ce prince occupé de guerres en Allemagne, se montrait peu empressé de rejoindre la princesse; il était déjà vieux, et cette alliance n'était pour lui qu'un moyen politique de dominer en France, par la possession de la Bretagne. On résolut de marier Anne de Bretagne avec le roi Charles VIII; ce projet fut conduit avec tant de prudence et de célérité, qu'il s'accomplit presque aussitôt après avoir été formé; la nouvelle reine donna une belle province à la France, et charma toute la cour par ses graces, sa jeunesse et sa beauté. Le duc d'Orléans en revoyant sur le trône celle qu'il avait admirée en Bretagne, sentit se renouveler l'impression qu'il avait éprouvée quelques années auparavant, mais le dévoûment qu'il portait au roi lui fit cacher avec le plus grand soin les sentiments secrets de son cœur; Jeanne ne se trompa pas sur les pensées de ce prince, il était malheureux, mais cette fois elle ne pouvait faire cesser ses regrets. Louis devenait de jour en jour moins affectueux pour elle, quoiqu'il ne cessât pas de l'entourer des plus grands égards.

Les guerres d'Italie amenèrent un changement à cette situation ; Charles VIII, qui n'avait pas oublié ses anciens projets de gloire et de renommée, résolut d'assurer ses droits sur le royaume de Naples, droits qui avaient été légués par René d'Anjou à Louis XI, et que ce roi avait prudemment négligé de faire valoir. Mais rien n'arrêtait l'ardeur du jeune monarque, il conclut rapidement des traités avec ses alliés, et dans un magnifique tournoi, à Lyon, l'expédition d'Italie fut décidée ; toute la noblesse le suivit, et le duc d'Orléans fut un des premiers à la tête de cette brillante armée, qui traversa l'Italie en voyant disparaître tous les obstacles : Rome, Naples, ouvrirent leurs portes aux vainqueurs ; en quelque temps l'Italie fut soumise, mais dans cette conquête rapide et passagère, Charles oublia au milieu des fêtes et des tournois, qu'il était entouré d'ennemis d'autant plus dangereux qu'ils dissimulaient. Les Italiens détestaient les Français, sous le vêtement de fête se cachait le poignard acéré ; l'Italie, surprise par une expédition qui ne fut qu'une course aventureuse, n'était pas abattue, et Charles devait bientôt le reconnaître ; il laissa pour gouverneur le duc Gilbert de Montpensier, qui ne sut pas comprendre l'esprit d'un peuple comprimé par la terreur, mais non pas vaincu définitivement. Les plus grands dangers vinrent assaillir le roi, tous ses ennemis se liguèrent contre lui et se réunirent à Fornoue pour l'envelopper au moment de son retour en France. La vaillance des Français triompha heureusement. Charles remporta une victoire éclatante, rentra dans ses états, mais l'Italie fut perdue encore plus vite qu'elle n'avait été conquise. Charles reconnaissant toutes les fautes de son imprévoyance, était résolu d'agir plus sagement à l'avenir, mais il n'eut pas le temps d'accomplir ses bonnes résolutions, la mort vint le surprendre à l'âge de vingt-huit ans, il fut frappé d'apoplexie, au sortir d'un jeu de paume et ne laissa pas d'enfant ; Louis n'était plus le duc d'Orléans, c'était le roi Louis XII, et Jeanne était reine !

Les larmes que la princesse donna au roi son frère, ne furent que le prélude de celles qu'elle devait bientôt répandre sur elle-même; Jeanne comprit quel serait son avenir, et que cette couronne placée sur sa tête, devait être la couronne d'épines, l'auréole du martyre. Louis XII voulut rompre un mariage qui ne lui avait été imposé que par contrainte; il fut doux et clément pour tous ses ennemis, il pardonna généreusement au sire de la Trémouille, qui l'avait fait prisonnier à Saint-Aubin, et ne se montra barbare que pour la malheureuse Jeanne qui, pendant une union de vingt-deux ans, avait été sa meilleure sauve-garde dans les dangers, et qui seule ne l'avait jamais abandonné.

Louis XII fit valoir les raisons politiques, et sous ce point de vue, l'histoire l'absoudra d'avoir fait le malheur d'une femme aimante et vertueuse, il n'avait point d'enfant, et l'intérêt de l'état exigeait qu'il épousât la veuve de Charles VIII, qui en reprenant son duché de Bretagne, aurait privé la France d'une de ses plus belles provinces; Louis XII aimait la princesse Anne, il était au moment de combler tous ses vœux, la politique, l'amour s'unissaient pour hâter sa détermination: il ne devait pas hésiter.

Jeanne était résignée, le coup fatal qui venait la frapper, elle l'avait prévu depuis longtemps, mais elle l'avait toujours repoussé avec une sorte de terreur; elle ne put cependant voir rompre les liens qui l'unissaient à Louis, sans ressentir une sorte d'indignation, et le malheureux procès qui eut lieu au sujet de ce divorce, et dont les détails sont tristes et offensants pour elle, achevèrent de briser les forces de son ame. Elle répondit cependant avec dignité, conservant une noblesse et une grandeur qui frappèrent tous ceux qui l'entendirent. Enfin le divorce fut prononcé en 1498, par le pape Alexandre VI. Jeanne n'avait plus ni époux, ni famille !

Tout était fini pour l'épouse répudiée, dont une autre allait bientôt prendre la place. Elle alla ensevelir ses douleurs dans un couvent de Bourges, où elle fonda l'ordre de l'Annonciade, dont le costume forme des contrastes assez bizarres et semble une image de la destinée de Jeanne. Le voile est noir, le manteau blanc, le scapulaire rouge, la robe grise, et la ceinture de corde. Sous ces emblèmes de pénitence, elle était plus à l'aise qu'avec des vêtements royaux, et elle parut oublier qu'elle avait été sur les marches du trône. Le reste de ses tristes jours fut employé dans les œuvres de la plus ardente charité ; elle qui avait tant souffert, trouvait encore pour tous des paroles consolantes qui rendaient son humble asile un lieu de refuge et de sainte renommée; la vénération publique la suivait au fond de sa retraite. François de Paule vint quelquefois ranimer son courage, lui faire entrevoir le ciel comme le terme de ses maux. Cinq ans après, la mort mit fin à ses longues souffrances.

Le pape Benoît XIV la canonisa au 17ᵉ siècle, et c'est à elle particulièrement que peuvent s'appliquer ces paroles de l'Evangile :

« Bienheureux ceux qui pleurent parce qu'ils seront consolés. »

CATHERINE DE MÉDICIS.

CATHERINE DE MÉDICIS.

u commencement du 16e siècle l'Italie était le séjour de la littérature et des arts, l'élégance, la politesse et la culture des lettres semblaient en avoir fait une terre privilégiée, qui n'avait rien de commun avec les autres contrées de l'Europe; c'était le refuge des savants que la prise de Constantinople par les Turcs, avait chassés de l'empire d'Orient, et mille circons-

tances avaient contribué à rendre cet heureux pays le modèle d'une civilisation exquise et raffinée. Les Médicis, enrichis par le commerce et qui tiraient leur origine d'un simple marchand gonfalonnier de Florence, avaient élevé leur patrie par l'industrie, par leurs bienfaits, et couronné les plus actifs travaux par la protection accordée aux poètes et aux artistes de tout genre ; leur grandeur avait placé la Toscane à son plus haut point de gloire ; on vit Cosme-le-grand, le père de son pays, préparer l'avenir de la république florentine, Laurent-le-Magnifique, se montrer le favori des Muses, et mettre tous ses soins à faire renaître la philosophie, l'histoire et ces arts immortels qui, depuis l'antiquité, s'étaient traînés sans force et sans progrès, au milieu de l'ignorance et de la barbarie.

Mais à côté de cette fleur de la civilisation se cachait un poison dangereux, l'Italie avait acquis les défauts du luxe et de la mollesse, et présentait déjà le tableau d'une décadence prochaine ; l'esprit et l'imagination s'étaient agrandis aux dépens de la justice et de la sincérité ; on voyait l'astuce et la trahison se cacher sous le voile de l'urbanité, et ce caractère italien, tristement encouragé dans le livre du *Prince*, de Machiavel, n'offrait que de funestes principes de ruse et de perfidie.

Catherine de Médicis était fille de Laurent de Médicis, duc d'Urbin, et de Madeleine de la Tour d'Auvergne ; elle naquit à Florence le 15 avril 1519, son enfance ne fut pas exempte de dangers ; c'était l'époque des guerres acharnées entre François I__er__ et Charles-Quint ; l'inexécution du traité de Madrid causa une rupture avec l'empereur ; le roi de France fit alliance avec le pape et tenta de rétablir les Sforze à Milan ; Clément VII, de la famille des Médicis et qui occupait le trône pontifical, fut victime de cette ligue ; le traître Bourbon, qui combattait contre les Français, conduisit à Rome l'armée espagnole et fut tué au sac de cette ville ; ses soldats vengèrent sa mort par la captivité du saint père, et par un affreux pillage. Cet évènement renversa le gouvernement des Médicis à Florence ; on obligea les deux neveux de Clément VII à quitter la ville, et pendant le siége de cette capitale, un des factieux nommé Baptiste Cei, proposa de placer la jeune Catherine, alors âgée de neuf ans, sur les murs de la ville, pour l'exposer aux coups des combattants ; l'horreur d'une telle proposition sauva la princesse qui, dès l'enfance, eut ainsi sous les yeux des exemples de la plus atroce férocité.

Catherine annonça de bonne heure de l'esprit, de la finesse et du courage ; elle avait une taille remarquable, le visage noble, et surpassait les autres femmes par la blancheur de son teint et la vivacité de sa physionomie. Elle aimait à changer d'ajustements, ne se conformant pas à l'usage établi, et variant différentes modes suivant qu'elles fesaient ressortir les avantages dont elle était douée ; dans son désir de faire remarquer la forme élégante de sa jambe, quand elle montait à cheval, elle imagina de la placer sur le pommeau de la selle, et cet usage s'est conservé depuis. L'esprit de Catherine était des plus cultivés, elle aimait les lettres et les beaux-arts, mais son cœur était corrompu ; la dissimulation se cachait sous les dehors les plus brillants, et elle savait se contraindre afin de dominer plus tard ; la vengeance se repliait en elle pour éclater un jour, mais lentement, sans colère, et elle savait encourager du plus bienveillant sourire, celui dont en secret elle avait juré la perte.

François Ier espérait toujours conquérir l'Italie par l'alliance du pape ; il offrit de marier son second fils, Henri, duc d'Orléans avec la jeune Médicis. Clément VII fut flatté de cette alliance, Catherine n'était que l'arrière-petite-fille d'un banquier florentin, et une grande distance la séparait de la maison royale de Valois ; le Pape se rendit à Marseille, François Ier l'y rejoignit, suivi de sa brillante cour où l'on remarquait la reine Éléonore, mesdames de Chateaubriand et d'Étampes, et toutes les dames distinguées par leur rang, leur esprit et leur beauté ; le mariage fut arrêté, Jean Stuart duc d'Albanie, allié à la maison des Médicis, et oncle maternel de Catherine, avait négocié cette union ; il alla chercher la princesse, qui vint par mer jusqu'à Nice, afin de se diriger vers Marseille.

Les noces furent célébrées le 28 Octobre 1533. Catherine n'avait que quatorze ans, et le duc d'Orléans quinze; ce jeune prince était déjà un charmant chevalier, il avait de la ressemblance avec son père, quoiqu'avec des dehors moins séduisants peut-être ; la nouvelle duchesse d'Orléans était une beauté achevée, et devint un des ornements de la cour; elle montra malgré sa jeunesse, des sentiments de politique et de ruse ; elle flattait tous les partis, savait maintenir sa faveur, vivant également bien avec la duchesse d'Étampes, favorite de François Ier, et avec Diane de Poitiers, qui avait su dominer son volage époux. C'est nous donner malheureusement une triste idée du caractère de Catherine, car ces concessions n'étaient point chez elle l'effet de la douceur et de la patience, mais bien d'une politique calculée, qui lui fesait envisager tous les moyens de conserver son crédit, et qui prouve qu'elle n'était point capable de ressentir les doux sentiments de l'affection.

Cette conduite prudente la maintint toujours en faveur, elle avait cependant alors très peu d'influence, mais elle savait se contenir, prête à profiter des moindres circonstances ; elle assista aux fêtes continuelles qui se donnaient à Chambord et à Fontainebleau, et le roi prit plaisir à sa société, admirant avec quelle adresse elle montait à cheval et la grace qu'elle déployait dans les exercices les plus brillants et les plus difficiles.

L'année 1536, changea l'avenir de Catherine : le fils aîné du roi, François, dauphin de France, mourut à dix-huit ans ; le duc d'Orléans son frère, devint alors héritier du trône, et Catherine fut destinée à être un jour reine de France !

Nous ne parlerons plus de cette princesse comme dauphine, reine et régente, cette vie si agitée et sur laquelle des jugements si différents ont été portés, sera tristement célèbre dans nos fastes historiques ; Catherine devenue mère seulement après dix ans de mariage, eut peu de pouvoir pendant le règne de son mari, et même du temps de François II son fils aîné, elle n'eut encore qu'une autorité bornée ; le règne de son second fils, Charles IX, fut le sien : politique habile, flattant tantôt un parti, tantôt un autre, on la vit s'allier aux Guises, aux Bourbons, cherchant à diviser pour régner, et léguant à la postérité l'horrible souvenir du massacre de la Saint-Barthélemy. Elle mourut le 5 janvier 1589, sous le règne de Henri III; la France était si agitée par les guerres religieuses, que cette mort passa presque inaperçue. Elle eut quatre fils : François II, Charles IX, Henri III et le duc d'Alençon, et trois filles, Claude, Elisabeth et Marguerite ; la première épousa le duc de Lorraine, la seconde le roi d'Espagne, et la dernière, le roi de Navarre.

Catherine était superstitieuse, et la politique italienne, qu'elle introduisit en France eut une funeste influence. On lui reprochera toujours d'avoir cherché à dénaturer le cœur de ses enfants par une détestable éducation. Charles IX eût été peut-être un tout autre prince sans les principes perfides qui le corrompirent dès l'enfance ; on doit déplorer les malheurs qui en furent la triste conséquence, et que ne peuvent racheter l'élégance, la culture des sciences et la protection accordée aux savants et aux gens de lettres. C'est à cette reine qu'on doit le commencement des Tuileries et l'hôtel de Soissons, où depuis on a bâti la Halle-aux-Blés.

Catherine conserva jusqu'à sa mort les revenus du duché d'Orléans, qui depuis furent réunis à la couronne.

MARIE DE BOURBON-MONTPENSIER

MARIE DE BOURBON-MONTPENSIER.

E règne de Louis XIII se présente comme une époque de transition entre l'aristocratie et le pouvoir royal, lutte qui sera l'œuvre d'un grand politique et qui fera le siècle de Louis XIV. Dans cette dernière tentative des grands contre la monarchie, nous voyons quelque analogie avec le règne de Louis XI; Richelieu continue la pensée de ce prince, et les nombreuses exécutions, tant secrètes que publiques, offrent un intérêt dramatique au milieu des fêtes et des intrigues de cour qui se succèdent à tout moment.

D'un côté, c'est le roi, sombre, taciturne, effrayé du poids d'une couronne, et qui supplie un ministre qu'il n'aime point de vouloir bien régner pour lui. La reine Anne d'Autriche est belle, la cour est brillante ; mais Richelieu craint l'ascendant de l'Espagnole, et Louis XIII n'ose déplaire au cardinal ; tout pour le malheureux roi est un sujet d'envie et de crainte ; il n'a point d'héritiers, et ceux qui l'entourent ne lui inspirent que défiance et jalousie.

De l'autre côté, Gaston, duc d'Anjou, frère du roi, est l'espérance des courtisans ; son esprit est cultivé, il est frivole, il encourage le luxe et les plaisirs ; mais malheur à ses amis ! Il leur fut plus fatal qu'à ses ennemis, il les entraîna à mille complots et les abandonna lâchement à l'heure du danger.

Marie de Médicis, mère du roi, voulait marier Gaston avec Marie de Bourbon-Montpensier, l'une des plus riches héritières de France; cette princesse était fille de Henri, duc de Montpensier, et d'Henriette de Joyeuse, remariée au duc de Guise, et qui était nièce du duc de Joyeuse, tué à la bataille de Coutras. Marie était belle et vertueuse ; dès sa plus tendre jeunesse, elle montra une piété ardente et imita sa mère, qui l'éleva comme un modèle au milieu des grandeurs de ce monde. Telle était la princesse destinée à Gaston, et qui devait laisser un souvenir touchant et vénéré.

Ce projet de mariage éprouva mille obstacles et donna lieu à de tragiques évènements; Marie de Médicis le voulait, Richelieu s'y montra favorable, Louis XIII, inquiet et jaloux, craignait la postérité de son frère, Gaston semblait prendre à tâche de tourner l'affaire en longueur. Une véritable conspiration de femmes se trama, formée par la reine Anne d'Autriche, la duchesse de Chevreuse et la princesse de Condé.

Gaston, gouverné par ses favoris, fut amené à entrer dans un complot qui allait, dit-on, jusqu'à faire renfermer et interdire Louis XIII, éloigner le cardinal, et remarier la reine au duc d'Anjou. Ornano, gouverneur de Gaston, fut entraîné; mais celui qui inspire un véritable intérêt, celui qui, jeune d'avenir, bouillant de jeunesse, fut abandonné par ses amis, trahi par le cardinal, victime de son imprudence et de son impétuosité, ce fut Henri, comte de Chalais, de la maison de Talleyrand-Périgord.

La coalition contre le mariage de Monsieur n'était qu'une faible partie de la conspiration qui se formait dans l'ombre; le duc de Vendôme et le grand-prieur, tous deux fils de Henri IV et de Gabrielle d'Estrées, y prirent une part active, et l'on résolut de feindre une réconciliation avec le cardinal; on devait lui faire visite dans sa maison de campagne de Fleuri, l'emprisonner, l'égorger peut-être.

Quelle devait être alors la situation de l'intéressante Marie de Montpensier ! Elle s'était vue destinée à devenir la compagne du duc d'Anjou; on le lui avait répété, et son cœur avait déjà porté toutes ses espérances sur ce prince, qu'elle n'avait vu que rarement. La renommée lui avait cependant appris que Gaston était plus soucieux de plaisirs et de dissipation que du soin de sa gloire; mais on aime à se faire illusion, à rejeter tout ce qui vient ternir le miroir de félicité que l'on rêve à vingt ans, et mademoiselle de Montpensier, pleurant les égarements du prince, se livrait à l'espoir, lorsqu'elle fut tout-à-coup plongée dans la tristesse et les larmes, en voyant tant de grands personnages se liguer contre cette alliance et Gaston lui-même travailler à la détruire. Il fut question d'unir la princesse au comte de Soissons; Marie n'écoutait rien, et madame de Guise, sa mère, éloigna ce projet en se flattant que le duc d'Anjou reviendrait peut-être, et qu'ainsi son illustre famille recevrait un nouvel éclat.

Cet état de choses aurait pu se prolonger

longtemps ; mais le cardinal était un rude adversaire, il n'était pourtant pas encore ce colosse qui devait faire trembler la France, la rendre muette et soumise au-dedans en même temps qu'elle serait grande et redoutable au dehors ; la main de fer de Richelieu ne connaissait aucun obstacle ; et plus ses ennemis étaient élevés, plus ils avaient à redouter sa colère.

Le comte de Chalais s'était confié au commandeur de Valançay ; celui-ci, dévoué au cardinal, effraya le jeune homme sur les suites de son entreprise, en lui montrant qu'il jouait sa tête dans cette folle tentative. Chalais se représentait les périls, les dangers et la mort peut-être au milieu des siens, reçue par un coup d'épée en combattant pour une cause qui lui semblait grande et noble ; mais cette mort affreuse et froidement cruelle, donnée sur l'échafaud par un bourreau, cet homme sans haine et sans passion, et plus hideux que l'instrument du supplice, faut-il le dire ? A cette idée Chalais frissonna, il eut peur, puis il pensa à sa mère, qui du fond de sa province l'avait envoyé pour continuer les hauts faits de ses ancêtres, et non pas pour souiller son grand nom d'une flétrissure d'infamie.

Richelieu agit avec une perfidie bien calculée, il flatta le malheureux jeune homme, lui promit la grace des conjurés et lui jura que sa vie n'était point en danger s'il voulait parler avec franchise ; bientôt après Ornano fut jeté à Vincennes, les deux Vendôme arrêtés, Chalais lui même conduit en prison ; Gaston promit obéissance, et pour prix du sacrifice de tous ses amis, il reçut les duchés d'Orléans et de Chartres, le comté de Blois et des revenus considérables. En ce moment la cour se rendait à Nantes, et comme il y avait des complots pour enlever mademoiselle de Montpensier, on résolut de terminer le mariage promptement et sans apparat ; les biens immenses de cette princesse promettaient au nouveau duc d'Orléans un surcroît de grandeur et de puissance, car elle apportait la souveraineté de Dombes, la principauté de la Roche-sur-Yon, les duchés de Montpensier, de Châtellerault et de Saint-Fargeau avec plusieurs autres belles terres portant titre de marquisats, de comtés, de vicomtés, de baronies et des rentes s'élevant à plus de trois cent cinquante mille livres. Madame de Guise donnait à la princesse son beau diamant estimé quatre-vingt mille écus.

La jeune Marie apprit cette nouvelle avec joie ; elle était à Paris lorsque les ordres de la cour l'appelèrent à Nantes ; elle se sentit heureuse et fière et disposée à chérir son époux, à lui montrer une douceur et une tendresse capables de le ramener de sa légèreté.

Le mariage fut célébré à Nantes, le 5 août 1626, dans la chapelle de l'Oratoire. Le cardinal de Richelieu bénit les deux fiancés, mais, comme si l'on devait s'attendre à la catastrophe sanglante qui troubla cette fête, rien ne parut si triste que cette union accomplie sous d'aussi funestes auspices. Marie, revêtue d'une robe de satin blanc tout unie, avait une simple parure de perles et quelques bijoux que les deux reines, Anne d'Autriche et Marie de Médicis, avaient prêtés pour la circonstance ; on n'entendit ni chants, ni musique, le roi ne parut qu'un instant, tout était sombre et sinistre ; c'est que le jour même s'instruisait le procès du comte de Chalais. Tout fut mis en œuvre pour le sauver. Le duc d'Orléans fit quelques efforts en sa faveur, mais craignant de se compromettre, il quitta Nantes pour ne pas être témoin de l'exécution et en reçut la nouvelle avec une coupable indifférence. Le malheureux Chalais expia sur l'échafaud le 19 août, l'imprudence de sa folle témérité et la confiance qu'il avait eue dans les paroles du cardinal.

Le mariage de Gaston lui donna un rang plus élevé ; sa maison fut tenue sur un pied de grandeur qui rivalisait avec celle du roi. La seule dépense pour la maison de Madame s'élevait à plus de 400,000 livres. Il avait des gardes, et déjà les courtisans l'entouraient comme le soleil levant, puisque Louis XIII n'avait pas d'enfants. La cour se rendit à Limours chez le cardinal, dont la dernière conspiration avait augmenté la puissance. Madame de Chevreuse fut exilée, Anne d'Autriche subit une sorte de disgrace ; la duchesse d'Orléans devint enceinte, et quand elle parut au Louvre, le flot des courtisans se porta vers elle avec des hommages et des acclamations. Quoique simple et modeste, Madame se laissait aller à la joie de donner un héritier à la couronne de France.

Pourtant elle ne fut pas heureuse ; la conduite de Gaston devenait de plus en plus dissipée ; il avait formé une assemblée ridicule et désordonnée qu'il appelait le Conseil de la Vauriennerie, et ses amis, compagnons de ses plaisirs, prenaient le nom de Vauriens. Souvent l'un de ses divertissements était d'aller détrousser les passants sur le Pont-

Neuf et d'enlever des manteaux. La duchesse d'Orléans espérait toujours le ramener à de meilleurs sentiments ; elle fut pour lui indulgente et bonne, et ne paraissait ni inquiète, ni jalouse ; elle fermait les yeux sur ses erreurs, et quand il avait perdu tout son argent au jeu, elle lui donnait le sien.

Marie se sacrifia toute à son époux, et obtint quelquefois un essai de conduite plus sage, mais ce n'était qu'une lueur passagère, et elle eut à subir des angoisses cruelles que Dieu abrégea en la rappelant à lui. Le 29 juillet 1627, elle mit au monde une fille, qui devint célèbre plus tard, dans la guerre de la Fronde, sous le nom de mademoiselle de Montpensier ; cet évènement réjouit Louis XIII, qui craignait qu'un fils ne naquît à Gaston, et replaça le prince au rang des simples sujets.

Trois jours après mourut la duchesse d'Orléans, à l'âge de vingt-deux ans. Le duc en fut d'abord très affligé, et répétait qu'il ne méritait pas une épouse si vertueuse, et que Dieu la lui retirait en punition de ses péchés. Le roi parut touché de la mort de sa belle-sœur, et ordonna qu'on lui fît des obsèques royales.

Le cardinal de Richelieu fait lui-même dans ses mémoires le portrait de cette princesse, digne d'un meilleur sort et d'un meilleur époux. Ce témoignage est le plus grand éloge de Marie de Montpensier. Le cardinal ne l'aimait pas, car elle avait engagé la reine-mère à se défier du premier ministre, et cependant il convient lui-même qu'elle avait sucé dès son enfance la vertu avec le lait, et que la pureté de sa vie fut un exemple de celle qu'on doit mener dans ce rang élevé, qu'elle occupa si peu de temps et avec tant de sagesse et de bonne renommée.

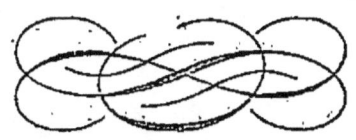

MARGUERITE DE LORRAINE.

MARGUERITE DE LORRAINE.

L E duc François de Lorraine, père de la princesse Marguerite, ne régna que quelques jours, et céda la puissance à son fils, Charles IV, dont la vie fut accompagnée des circonstances les plus aventureuses et les plus bizarres. Au mois de septembre 1629, Gaston duc d'Orléans, toujours à la tête des intrigues politiques, et après avoir vu rompre son mariage avec Marie de Mantoue, s'enfuit en Lorraine, prétextant qu'il n'était plus en sûreté en France. Le duc et la bourgeoisie le reçurent avec empressement, et lui donnèrent des fêtes magnifiques ; Gaston était suivi de Puylaurens son plus intime favori, et tous deux remarquèrent les deux sœurs de Charles IV ; l'aînée nommée Henriette, avait épousé le prince de Phalsbourg ; la plus jeune qui était Marguerite, fit une profonde impression sur Gaston ; ce prince, malgré son inconstance et sa légèreté, montra une certaine opiniâtreté et résista à toutes les tentatives que l'on fit pour le séparer de celle qu'il aimait; les traits de Marguerite étaient beaux et réguliers, mais elle manquait de grace ; elle plaisait difficilement, et sut cependant exercer un grand empire sur le duc d'Orléans, par son esprit, l'intérêt qu'elle portait à sa grandeur, et l'attachement qu'elle ne cessa de lui témoigner.

Puylaurens, vivement épris des charmes de la princesse de Phalsbourg, excita encore les sentiments de Gaston, en lui fesant entrevoir la possibilité des deux mariages ; le cardinal de Richelieu comprenant qu'il était dangereux de tenir Gaston éloigné du royaume, lui fit offrir des apanages et des revenus considérables s'il voulait y rentrer; il accepta, mais cette réconciliation dura peu, et après la fameuse *Journée des dupes*, qui tint la puissance de Richelieu suspendue à un fil, au gré de l'esprit faible et ombrageux de Louis XIII, on vit Marie de Médicis, la mère d'un roi et de deux reines, obligée d'aller mendier un asile sur la terre étrangère. Pendant ce temps la France était victorieuse en Italie, et la guerre de Trente-Ans mettait au jour tout le génie de Richelieu. Le roi qui élevait sa puissance au-delà de tous ses prédécesseurs, voyait sa famille frappée par l'implacable ministre, et devait souiller sa mémoire par son odieuse ingratitude envers sa mère.

Que fesait alors Gaston ? il retournait en Lorraine, et résolu d'épouser Marguerite, il la demandait à son père ; François y consentit, mais il comprit que le duc de Lorraine s'y opposerait, dans la crainte de déplaire au roi de France ; on convint de tenir ce mariage secret, et il eut lieu en 1632, dans un couvent de l'ordre de Saint-Benoît, à Nancy ; la cérémonie se fit à sept heures du soir, il n'y avait que le père de la princesse, Madame de Remiremont sa tante, le comte de Moret, frère naturel de Gaston, Puylaurens, la gouvernante de Marguerite, appelée Madame de la Neuvillette, et le père bénédictin qui célébra cette union ; lorsqu'elle fut connue du duc de Lorraine, il en éprouva une grande inquiétude, il redoutait la colère du roi de France, et fit alors quelques armements secrets. Marie de Médicis réfugiée à Bruxelles, n'avait d'espoir que dans le duc d'Orléans. Les ministres espagnols et l'infante Claire-Eugénie, promettaient protection aux nouveaux époux.

Louis XIII étant à Metz, le duc lui rendit

hommage et nia le mariage de sa sœur, mais le roi ne tenant aucun compte de ce qui lui était dit, ordonna le départ immédiat de Gaston. Il fallut alors quitter Marguerite, cacher l'amour qu'il ressentait, et remettre à des temps plus heureux le bonheur d'être réunis. Marguerite effrayée de la colère de son royal beau-frère, voyait s'ouvrir pour elle une carrière orageuse, et ne pouvait prendre conseil que de ses propres inspirations. Le duc d'Orléans s'enfuit près de sa mère, abandonnant ses partisans et ses nouveaux amis. Le séjour qu'il fit en Lorraine fut fatal à cette province, qui paya bien cher l'alliance du fils de Henri IV.

Un nouveau complot se forma au milieu des plaisirs qui se succédaient à la cour de Bruxelles. Gaston courut à Nancy revoir encore Marguerite et lui jurer de ne point l'abandonner ; il était rempli de courage lorsqu'il s'agissait d'entraîner à la révolte, et sut mettre dans son parti, le dernier des grands vassaux, le représentant de la vieille noblesse de France, Henri de Montmorency, dont la grande infortune retentira dans les siècles futurs, et qui périt de la main du bourreau. Longtemps après, on voyait à Moulins, une femme jeune encore, mais dont les larmes avaient flétri la beauté, passer ses tristes jours en pleurant sur un froid mausolée : c'était Marie des Ursins, la veuve de Montmorency !

Le duc d'Orléans qui s'était montré faible et cruel en sacrifiant ses amis, se réfugia en Flandre où il fut bien accueilli des Espagnols. Louis XIII était décidé à punir le duc de Lorraine du mariage de Gaston, et résolu de faire casser cette union, il se présenta devant Nancy avec une puissante armée ; Marguerite craignant de tomber entre les mains du roi, et de servir à la vengeance du cardinal, comprit qu'il ne lui restait plus qu'une branche de salut, c'était de rejoindre Monsieur en Flandre ; elle consulta François de Lorraine son frère et lui demanda un passe-port avec trois de ses gentilshommes, puis elle prit des vêtements d'homme ; il faut se figurer une jeune personne, belle alors de tout l'éclat de la jeunesse, se fesant horreur à elle-même, et souffrant de cette singulière transformation : ses cheveux emprisonnés sous une énorme perruque, son visage barbouillé de suie, l'épée au côté. En cet état, elle vint dire adieu à sa tante qui habitait le couvent où s'était célébré le mariage. Quel ne fut pas l'effroi des pauvres religieuses, à l'aspect de cet étrange cavalier, mais Marguerite ne voulut pas se faire connaître, elle partit protégée par son frère; son carrosse fut arrêté, et peu s'en fallût qu'elle ne fût reconnue; à trois lieues de Nancy, elle monta à cheval respirant plus librement, et se livrant à l'espoir ; elle parvint à gagner Thionville avec sa faible escorte. Épuisée de fatigue et n'ayant plus la force de se tenir à cheval, elle se coucha sur l'herbe aux portes de la ville, en attendant un gentilhomme qu'elle avait envoyé vers le gouverneur. Bientôt une sentinelle apercevant la duchesse d'Orléans, et la prenant pour un jeune cadet nouvellement entré dans la carrière des armes, la raillait de sa faiblesse, et augmentait la frayeur de Marguerite. Enfin le gouverneur craignant d'éveiller les soupçons en allant lui-même au devant de la princesse, lui envoya un officier qui la fit pénétrer dans la ville. La femme du gouverneur vint lui rendre hommage, et lui donna les habits de son sexe, Marguerite déploya la plus grande énergie, envoya un courrier à Monsieur et, impatiente de revoir son époux, elle voulut partir pour Bruxelles; elle eut la joie de rencontrer à Namur Gaston, Marie de Médicis et l'infante qui lui témoigna les plus grands égards, et la logea dans son palais de Bruxelles avec Monsieur et la reine-mère. On peut juger du bonheur qu'ils éprouvèrent de cette heureuse réunion; Gaston confirma son mariage devant l'archevêque de Malines, les Espagnols redoublèrent de magnificence envers cette cour fugitive, qui jouit alors de tous les prestiges d'une royauté véritable. Nancy ne tarda pas à ouvrir ses portes aux français, et le duc Charles fut contraint d'abdiquer en faveur de son frère, François cardinal de Lorraine, qui sans attendre la dispense du pape, épousa sa cousine Claude de Lorraine; cette union ayant déplu à Richelieu, tous deux furent faits prisonniers dans Lunéville; ils s'échappèrent sous des habits de paysans, à la faveur des plaisanteries du poisson d'avril, et passèrent en Italie. Louis XIII exigeait qu'on lui remît la princesse Marguerite, et que son mariage fût déclaré nul, mais elle était hors d'atteinte et la Lorraine demeura au pouvoir des Français.

Les liaisons de Gaston avec l'Espagne fesaient désirer à Richelieu son retour dans le royaume. Puylaurens gagné par les offres du ministre, le ramena à une réconciliation dont Marie de Médicis fut exceptée; Gaston quitta furtivement Bruxelles en y laissant sa femme, et rentra en France ; il revit Louis XIII à Saint-Germain, Richelieu l'accueillit avec empressement, se flattant de parvenir à la rupture d'un mariage qui avait déjà causé des évènements si importants.

Marguerite était irritée de l'abandon de Gaston qui s'était enfui sous le prétexte d'une partie de chasse au renard, il daigna cependant lui envoyer la promesse de songer à elle, et s'engagea même à faire tous les frais de sa maison, qu'il fit monter avec magnificence.

Peu de temps après, le parlement déclara le 5 septembre 1634, que le mariage n'était pas valable, et Richelieu conçut l'espoir de marier Gaston de France à sa nièce, Madame de Combalet. On consulta le pape, mais Gaston lui avait écrit secrètement de refuser son approbation, le cardinal fut obligé de dissimuler et accorda les plus grandes faveurs à Monsieur, comptant sur sa légèreté habituelle.

Le duc d'Orléans fut nommé lieutenant-général de l'armée, et les guerres d'Autriche amenèrent pendant quelque temps une heureuse diversion. Gaston irrité de l'injure faite à Madame, et offensé de la proposition du cardinal, songeait à Marguerite, plus par vanité que par véritable affection ; on vit alors une suite continuelle de complots, de ruptures et de réconciliations. Monsieur obtint encore des faveurs nouvelles et demanda une pension pour la duchesse d'Orléans.

Louis XIII pour ne pas céder positivement à son frère, ne voulut point reconnaître le mariage célébré en Lorraine ; mais il laissait entrevoir qu'il y consentirait, s'il était renouvelé à la cour de France. A partir de cette époque, Monsieur habita souvent son château de Blois qu'il avait fait embellir, la pauvre Marguerite restait toujours à Bruxelles éloignée de son volage époux, qui croyait avoir beaucoup fait pour elle, en ne consentant point à la dissolution de leur mariage.

Les évènements qui suivirent furent une triste continuation des conspirations qui avaient ensanglanté la France ; Cinq-Mars, de Thou ! encore deux nobles têtes qui tombèrent sous la puissance du cardinal ; le premier victime de sa folle témérité, l'autre, doux martyr de l'amitié qui ne voulut point révéler le complot. Mais ce ministre si puissant, qui déjà comptait se faire donner la régence, allait paraître devant le tribunal suprême : il expira le 4 décembre 1642. Au printemps suivant Louis XIII, sentant la mort approcher, accorda quelques graces, s'entoura des princes et de toute sa famille, mais à cette imposante réunion une seule personne manqua, ce fut Marguerite de Lorraine ; Gaston obtint cependant le consentement à son mariage, et le roi ordonna de faire venir Madame, à condition que leur union serait renouvelée devant l'archevêque de Paris. Un gentilhomme du duc d'Orléans partit avec la mission de ramener Marguerite à son époux. La princesse était alors à Cambrai, elle ne se montra nullement disposée à recevoir l'espèce de grace qu'on lui accordait, et voulut s'éloigner plus encore. N'avait-elle pas souffert de l'abandon de Gaston, et devait-elle arriver en France suppliante, au lieu d'y rentrer la tête haute et fière des droits qu'elle possédait? Il fallut vaincre sa résistance; son caractère mûri dans la retraite et empreint de la fierté allemande, ne se rendit qu'avec une grande répugnance. Elle se décida enfin à rentrer en France, et se hâta d'arriver avant la mort du roi, mais il était trop tard, Louis avait cessé de vivre le 14 mai 1643.

Mademoiselle de Montpensier, fille de Gaston, vint au-devant de sa belle-mère; Marguerite se rendit à Meudon, elle ne voulait pas paraître à la cour, parce qu'elle n'était point encore vêtue de deuil; son entrevue avec Monsieur eut lieu dans la cour de Meudon, devant tous ceux qui la suivaient. Pour obéir aux volontés du feu roi, on célébra de nouveau le mariage et l'archevêque ajouta ces mots : *Je vous unis en tant qu'il est besoin*, afin de ne pas frapper de nullité l'union qui avait été célébrée dix ans auparavant.

Marguerite n'avait plus alors la beauté qui avait tant frappé le duc d'Orléans, et bien des années de souffrance avaient détruit cette première fraîcheur de la jeunesse; elle s'habillait d'une manière souvent ridicule, ne connaissait point les usages de la cour, et en vécut presque toujours éloignée; elle fut d'abord en bonne intelligence avec sa belle-fille.

Le commencement de la régence d'Anne d'Autriche s'ouvrit sous de brillants auspices par les victoires du prince de Condé; Gaston se mêla aux armées et s'empara de Gravelines. Marguerite qui se réjouissait toujours de ce qui intéressait la gloire de Monsieur, fit faire un grand feu d'artifice dans la cour du palais d'Orléans; aux fenêtres se voyaient entrelacés les chiffres illuminés du duc et de la duchesse, et le soir il y eut bal et collation.

Quand la campagne fut finie, Gaston revint à la cour ; Madame venait de donner le jour à une fille qu'on nomma Mademoiselle d'Orléans, le duc qui espérait toujours avoir un fils vit encore son espoir déçu ; il partit bientôt pour les eaux de Bourbon, accompagné de la duchesse. Marguerite n'aimait pas les voyages et ne sortait presque jamais ; elle était devenue si délicate que la moindre chose la fesait évanouir ; il y avait souvent de l'exagération, elle venait à peine voir la reine deux fois par an, et avec tant d'apprêts que ces rares visites étaient regardées comme un évènement. Elle ne manquait pas d'esprit, paraissait avoir du cœur et de l'ambition, et portait une haine implacable aux ennemis de Monsieur et à tous ceux qui pouvaient lui nuire auprès de son époux.

La duchesse d'Orléans parut peu dans les intrigues qui troublèrent la régence, elle vit se dérouler la guerre de la Fronde entre le parlement et la cour, où les princes ligués combattirent Mazarin, premier ministre ; guerre singulière, couverte de ridicule et qui cependant agita longtemps le royaume ; on se battait, on plaisantait, on eût dit une tragi-comédie.-Mademoiselle de Montpensier, fille aînée de Gaston, semblait douée de toute l'énergie qui manquait à son père, et devint l'héroïne de la Fronde ; Gaston toujours faible y entra timidement. Il y eut encore des brouilleries et des raccommodements ; le duc d'Orléans soutenait bien la révolte, mais il craignait toujours de se compromettre ; il voulut cependant remplir la charge de lieutenant-général, que lui avait laissée le roi son frère, et faire rentrer en grace le duc de Lorraine. Marguerite applaudit à ces résolutions, qui relevaient sa famille ; ce fut un commencement d'opposition, et Madame fut presque toujours contraire à la cour, où elle brilla peu et qu'elle n'aimait point. En 1650, elle eut un fils, ce fut un grand bonheur pour le duc d'Orléans, le peuple fit des feux de joie et témoigna une assez vive allégresse ; mais malheureusement cet enfant mourut à l'âge de deux ans.

La carrière de Gaston devait se continuer incertaine et flottante, telle qu'elle avait été pendant toute sa vie ; la cour le retenait par des promesses, et le prince eut l'espoir de marier sa seconde fille avec le jeune Louis XIV. La grande Mademoiselle en ressentit un dépit extrême, elle avait toujours rêvé pour elle-même une alliance de tête couronnée, et dissimulant sa secrète jalousie, elle se fit frondeuse à l'excès. Madame ayant sollicité son frère, le duc de Lorraine, de venir au secours des princes, il accourut et fut sur le point de combattre Turenne. La Fronde cependant touchait à son terme, et quand le roi rentra dans Paris, il fit signifier à Monsieur et à Mademoiselle d'en sortir ; Gaston consterné avait besoin d'exhaler sa mauvaise humeur, il reprocha à sa fille de l'avoir entraîné à la révolte, et surtout la fameuse journée où elle fit tirer le canon sur les troupes du roi, à la porte Saint-Antoine. Il se retira à Blois avec sa famille, pouvant à peine dissimuler son dépit. Mademoiselle retourna dans son château de Saint-Fargeau, et dès-lors on vit de tristes démêlés entre le père et la fille ; on aurait dit qu'étant privés de conspirer dans l'état, ils avaient le besoin d'entretenir toujours quelques dissentions. Mademoiselle était fort jalouse de ses sœurs, et se plaisait à faire sentir la différence qu'il y avait entre Marguerite de Lorraine, fille d'un duc dépossédé et sa mère, de la maison de Bourbon, qui avait laissé des titres et une fortune considérable. Madame souffrait de cet orgueil, et n'avait guère de sympathie pour sa belle-fille ; elle s'occupait fort peu de ses propres filles, mesdemoiselles d'Orléans, d'Alençon et de Valois, étant presque toujours dans ses vapeurs ; elle désirait seulement qu'elles eussent un air imposant et parvinssent à faire d'illustres mariages.

Ces querelles finirent en apparence, Mademoiselle se rendit à Blois, eut une entrevue avec sa famille et retourna à Saint-Fargeau; elle vit rarement son père depuis ce moment, et Gaston, à peu près rentré en grâce, vint quelquefois à Paris, et passa le reste de sa vie à Blois et à Chambord, occupé de chasses et de constructions.

L'espoir de marier l'une de ses filles avec le roi s'éteignit bientôt, et Mademoiselle fit ce qu'elle put pour empêcher la réalisation de ce projet. La cour vint au château de Chambord que Madame habitait; Marguerite était malade; rien n'étant disposé pour recevoir de tels hôtes, les princesses d'Orléans furent envoyées à Blois, afin de laisser plus de logement. On se rendit dans cette ville et le lendemain on revint à Chambord, Monsieur déjà fort souffrant ne put suivre son royal neveu qui se rendait à Saint-Jean-de-Luz, pour épouser l'infante d'Espagne, Marie-Thérèse, et recommanda ses jeunes filles à mademoiselle de Montpensier. Il mourut le 2 février 1660, à cinquante-deux ans. Marguerite sentit vivement la perte qu'elle fesait, habituée à être comptée pour rien, ses larmes ne furent point remarquées; Mademoiselle fut affligée, mais les procès qu'elle avait eus contre son père diminuèrent un peu sa douleur. Ses autres filles étaient si lasses d'être à Blois et désiraient tant voir se terminer leur exil, qu'elles se consolèrent en pensant à retourner à Paris.

Marguerite cependant songeait à peine à ce qu'elle devait faire; elle ne demeura pas quarante jours sans sortir d'une chambre tendue de noir, comme c'était la coutume et vint à Paris, où elle commença à avoir des discussions avec sa belle-fille, au sujet de l'appartement qu'elle devait occuper au Luxembourg. Mademoiselle voulait conserver celui de son père, et laisser seulement à Madame les châteaux de Montargis et de Limours.

Bientôt eut lieu le mariage de Louis XIV, mademoiselle d'Orléans qui avait espéré épouser le roi, n'y assista pas. Il n'y eut que ses jeunes sœurs qui partirent avec leurs femmes, madame de Saujon et mademoiselle de Montalais.

Au retour de ces brillantes cérémonies, Mademoiselle ne cessa de presser sa belle-mère de lui céder l'appartement du Luxembourg; Marguerite fatiguée de cette exigence, céda enfin, et continua de plus en plus à se détacher de cette cour, où elle était tout-à-fait étrangère; elle ne s'occupa en rien des affaires extérieures, et mademoiselle de Montpensier ayant terminé ses querelles avec Madame, conduisit quelquefois ses jeunes sœurs chez la reine. Il fut convenu que le Luxembourg reviendrait au roi; mais ce qui plus tard renouvela leurs divisions, ce fut que Mademoiselle supposa que Marguerite avait contribué à faire rompre son mariage avec Lauzun.

Marguerite de Lorraine mourut le 2 mars 1672, à 59 ans; sa vie ne fut réellement pas heureuse, mais comme sa sensibilité n'était pas profonde, elle souffrit moins qu'une autre des épreuves qu'elle eut à subir; c'était une femme d'une vertu austère, mais sans amabilité, et qui se couvrit parfois de ridicule; sa dévotion était exagérée, et souvent elle irrita son époux, qui la raillait sur ses délicatesses et ses singulières fantaisies.

Ses trois filles furent mariées aux **ducs de** Toscane, de Guise et de Savoie.

HENRIETTE D'ANGLETERRE.

HENRIETTE D'ANGLETERRE.

Henriette-Anne d'Angleterre naquit au milieu des troubles qui arrachèrent le trône et la vie au roi Charles Ier. Fille de ce malheureux prince et d'Henriette-Marie de France, sa naissance eut lieu le 16 juin 1644, au moment où son père en guerre avec ses sujets rebelles cherchait un refuge dans la ville de Worcester. La reine s'était retirée à Exeter; c'est là qu'au milieu d'un camp elle donna le jour à la princesse Henriette : poursuivie par les farouches satellites de Cromwell, elle fut obligée de s'enfuir, et s'embarqua pour la France, confiant sa pauvre enfant à Lady Morton qui lui était entièrement dévouée.

Ainsi la jeune Henriette se trouva prisonnière quinze jours après sa naissance, exposée à mille périls, heureuse alors de ne pouvoir comprendre ses malheurs ; sa fidèle gouvernante veillait sur elle, et deux ans après elle agit de ruse pour la délivrer ; sous des habits de paysan elle parvint à lui faire gagner la France. Henriette dans un âge aussi tendre avait déjà le sentiment des grandeurs, et pendant cette évasion elle fit craindre pour sa sûreté, en répétant qu'elle n'était point un paysan, mais bien une grande princesse. Sa mère fut heureuse de revoir sa fille chérie, et là fit élever avec soin ; elles habitèrent d'abord le Louvre, mais la reine d'Angleterre n'eut plus que des jours d'amertume ; dans sa propre patrie, elle se trouva bientôt étrangère, la cause de Charles Ier était perdue, Mazarin voulait s'attirer l'amitié de Cromwell, et quand la tête de l'infortuné Charles Stuart eut ensanglanté l'échafaud de Withe-Hall, Henriette-Marie, frappée dans ses plus chères affections, se vit encore réduite au plus affreux dénûment; pendant les troubles de la Fronde n'ayant rien à espérer de la politique de Mazarin, qui ne lui était pas favorable, elle fut obligée d'implorer du parlement une aumône pour subsister. Peu à peu ses équipages disparurent, aucune ressource ne lui resta, et quelque temps avant que la cour partît de Paris, le cardinal de Retz s'étant présenté chez la reine d'Angleterre, elle le mena dans la chambre de sa fille et lui dit: « Vous voyez, je viens tenir compagnie à Henriette, la pauvre enfant n'a pu se lever aujourd'hui, faute de feu! » Le cardinal péniblement surpris d'une si grande infortune, sollicita le gouvernement qui envoya quarante mille livres à la reine.

En 1652, Louis XIV habita le Louvre, son

frère le duc d'Anjou les Tuileries, et le Palais-Royal fut donné à Henriette de France; depuis la mort de Charles Ier le luxe et les grandeurs pesaient à la reine d'Angleterre, et souvent elle se retirait au couvent de la Visitation de Chaillot, où fut élevée sa fille, la jeune Henriette.

Il fut bientôt question d'un mariage entre la princesse d'Angleterre et Philippe d'Anjou, frère de Louis XIV, qui prit le titre de duc d'Orléans; Mazarin avait souvent repoussé cette union comme peu avantageuse, mais après la mort du ministre les obstacles disparurent. La fortune cessait de se montrer contraire à cette famille qu'elle avait tant éprouvée, et la reine Henriette eut la joie de voir son fils Charles II rétabli sur le trône; avant d'achever le mariage de sa fille, elle fit avec elle un voyage en Angleterre; ce fut un triomphe pour la future duchesse d'Orléans, elle recueillit partout les hommages dus à son rang et à sa beauté. Monsieur, impatient de conclure son mariage, sollicitait son prompt retour; elle partit avec sa mère, et le roi Charles II les accompagna avec toute sa cour jusqu'à une journée de Londres.

Le lendemain de l'embarquement, le vaisseau de la reine étant retenu par les sables, fut en grand péril; on fut obligé de relâcher au port; la princesse d'Angleterre, attaquée d'une fièvre violente, voulut cependant se rembarquer, mais la rougeôle se déclara, et l'on ne put ni lui faire passer la mer, ni l'enlever du vaisseau; la maladie fut très grave; enfin, quand Henriette put faire la traversée sans danger, on se dirigea vers le Hâvre, où la reine demeura quelques jours pour donner à sa fille le temps de reprendre ses forces; elles revinrent à Paris, et le mariage eut lieu au Palais-Royal, le 31 mars 1661, en présence du roi, des trois reines, Marie-Thérèse, Anne d'Autriche et Henriette de France, de Mesdemoiselles de Montpensier, d'Orléans, du prince et de la princesse de Condé.

Henriette d'Angleterre fit pendant neuf ans les délices de la cour de France ; il était impossible d'être plus gracieuse, et quoiqu'elle fut extrêmement maigre, et que ses traits ne fussent pas réguliers, elle était si aimable qu'elle paraissait jolie de cette beauté qui venait du charme particulier qu'elle savait donner à ses moindres actions ; sa taille était cependant légèrement contrefaite, mais cette imperfection n'avait rien de désagréable; enfin tous ceux qui l'entouraient étaient séduits par son enjouement, son esprit et sa grace.

Monsieur, duc d'Orléans, montra peu de tendresse à Henriette ; il lui donna souvent lieu de regretter une telle union ; la nouvelle cour du Palais-Royal devint brillante, et fut un séjour de plaisirs dont Henriette était le plus bel ornement. Elle s'attira les hommages de tous, et le roi fut au nombre de ses admirateurs, mais la politique entra pour beaucoup dans les soins dont il l'entourait.

Monsieur et Madame, après peu de temps de

séjour à Paris, allèrent rejoindre la cour à Fontainebleau; le roi trouvait un plaisir infini dans la société de sa belle-sœur, il lui donnait des fêtes splendides. On était alors au milieu de l'été, la princesse suivie de toutes ses dames, allait se baigner, puis revenait à cheval et jouissait des beautés de la nature au milieu de la campagne richement parée; le soir on rentrait au château, et de toutes parts on entendait une musique délicieuse. Henriette, faut-il le dire? oubliait quelquefois la prudence et la réserve que son sexe et son rang lui imposaient; ses aimables qualités répandaient autour d'elle un charme irrésistible, elle se complaisait dans cet enivrement de triomphe et de plaisirs.

Un échange d'épîtres poétiques et de bel esprit s'était établi entre le roi et Madame; ce qu'il y a de piquant, c'est que le même personnage devint le confident de ce commerce ingénieux. C'était le marquis de Dangeau qui, chargé par le roi d'écrire à la princesse, fut aussi employé par elle, pour répondre à Sa Majesté. Il les servait ainsi tous deux, sans que l'on soupçonnât cette circonstance, et ce fut pour lui la source d'une haute fortune. Bientôt la division éclata dans la famille royale, la correspondance qui déplaisait à Monsieur fut interrompue, et l'on s'aperçut bientôt que le roi était épris de Mademoiselle de la Vallière, fille d'honneur de Madame Henriette.

Le comte de Guiche, fils du maréchal de Gramont fut au nombre des adorateurs de la duchesse d'Orléans, il fut exilé plusieurs fois ; on raconte que dans un combat contre les Moscovites, il fut préservé par un portrait de Madame qu'il portait sur lui, et qui fut brisé par le coup destiné à lui donner la mort.

Monsieur de son côté, donnait de graves sujets de plainte à Madame, qui ne pouvait souffrir le chevalier de Lorraine, favori du duc d'Orléans ; elle le méprisait et avait supplié le roi de l'exiler, elle réussit, mais devait payer cher l'imprudence de s'être fait un ennemi. Des dissentions sans cesse renouvelées éclatèrent dans la maison de Monsieur, et le roi fut souvent obligé d'être le protecteur de Madame, contre les duretés de son mari. Ce prince témoignait une irritation continuelle, et semblait aspirer à la mort de la princesse ; un jour dans un voyage, comme elle était mal portante, il lui rappela à elle-même qu'un astrologue lui avait autrefois prédit qu'il aurait plusieurs femmes.

Ces diverses circonstances ne laissaient pas de donner une grande mélancolie à Madame, de sinistres pressentiments l'agitaient; souvent elle pressait dans ses bras ses deux petites filles, l'une âgée de sept ans, l'autre encore au berceau. Elle eut aussi la douleur de perdre sa mère qui vivait retirée dans une maison de campagne, à Colombe, où elle mourut le 10 septembre 1669.

Louis XIV voulant rompre la ligue que la

Hollande formait avec l'empereur et le roi d'Espagne, désira s'assurer l'alliance de l'Angleterre : il chargea Madame, fort adroite, spirituelle et très aimée de son frère Charles, de passer en Angleterre, pour déterminer le roi à abandonner l'alliance de ses ennemis ; le secret de cette mission fut arraché à Turenne, par Madame de Coetquen qui, dévouée au chevalier de Lorraine, le lui livra ; ce dernier avertit Monsieur du prochain départ de Madame, et saisit cette occasion pour essayer de perdre la princesse dans l'esprit du roi, à qui il fit entendre que le projet avait été divulgué par elle. Henriette supporta patiemment les reproches de son époux, et calma la colère de Louis XIV, sans cependant chercher à s'excuser. Mais celui qu'elle avait fait exiler, et qui venait d'échouer dans ses coupables tentatives, nourrissait dans son ame un profond ressentiment.

Pour cacher le véritable but du voyage de la princesse en Angleterre, le roi alla avec toute la cour visiter ses conquêtes des Pays-Bas; ce fut une nouvelle occasion de fêtes et de plaisirs; on eût dit une pompe tout orientale; le luxe envahissait chaque ville où passait le cortége royal, et la duchesse d'Orléans prit le prétexte du voisinage pour passer en Angleterre, visiter le roi son frère, qui se trouvait alors à Cantorbéry. Elle s'embarqua à Dunkerque, chargée du secret de l'état, emmenant avec elle mademoiselle de Kérouaille, jeune bretonne, qui devint duchesse de Portsmouth.

Henriette revint avec toute la gloire du succès, elle avait réussi à détacher son frère de la triple alliance; ce fut pour elle un véritable triomphe, elle vit toute la cour à ses pieds. A vingt-six ans elle avait eu la gloire de tenir en ses mains les destinées de l'Europe.

Rien ne pouvait augmenter l'admiration et l'enthousiasme qu'elle excitait; les plus grands poètes obéissaient à ses désirs: Corneille, Racine, entreprirent pour lui plaire la tragédie de Bérénice. Ce sujet qui n'est qu'une touchante élégie, fut surtout compris par la muse tendre de Racine, ce poète du cœur qui, développant la pensée de Madame, sut décrire en cinq actes, cette douce complainte : *Je vous aime, vous m'aimez et je pars!*

Hélas ! tant d'éclat, de succès et de gloire allaient bientôt se changer en deuil et en consternation ; depuis quelque temps une grande froideur régnait entre la duchesse et Monsieur ; le 24 juin 1670, huit jours après son retour d'Angleterre, ils allèrent à Saint-Cloud, elle se plaignit d'un mal de côté et d'une douleur d'estomac; elle se baigna le vendredi, et le dimanche elle était fort souffrante, elle alla cependant voir sa fille dont un peintre anglais fesait le portrait ; se trouvant plus malade, on lui donna un verre d'eau de chicorée. Bientôt une pâleur livide se peignit sur son visage ; on la mit au lit, la princesse jetait des cris perçants, disant qu'elle souffrait horriblement.

Le duc d'Orléans arriva, elle lui dit avec douceur : Hélas ! Monsieur, vous ne m'aimez plus, il y a longtemps ; mais cela est injuste, je ne vous ai jamais manqué. Monsieur était consterné, lorsque Madame s'écria que l'on s'était sans doute trompé de bouteille, qu'elle était empoisonnée et qu'elle désirait un confesseur.

On fit venir du contre-poison, on lui prodigua mille remèdes, ce qui lui causa un grand abattement. Le médecin répondait de ses jours, mais Henriette ne songeait plus à la vie et sentait bien qu'elle allait mourir ; elle se confessa au curé de Saint-Cloud. Elle seule au milieu de tous, semblait persuadée de la certitude de sa mort ; elle fut saignée, les médecins étaient comme aveuglés ; ils ne connaissaient pas la nature de ses souffrances, son mal fit de rapides progrès, et tout espoir fut bientôt perdu. Le roi se rendit lui-même auprès d'elle ; lorsqu'il la quitta, elle l'assura que la première nouvelle qu'il recevrait le lendemain serait celle de sa mort. Cependant elle conservait un calme et une résignation parfaite, son courage était admirable ; elle recevait le corps de Notre-Seigneur, au moment où Bossuet arriva ; ce prélat lui parla de Dieu et des saintes espérances qui devaient l'animer. Conservant toute sa lucidité d'esprit, son agonie ne dura qu'un moment, elle expira le 30 juin 1670, à deux heures et demie du matin, neuf heures après avoir ressenti la première atteinte du mal qui l'emporta.

Toute la cour fut plongée dans la stupeur et l'effroi ; Henriette la veille encore, jeune, belle, charmante, n'était plus qu'un cadavre défiguré, et la fleur brillante d'éclat et de fraicheur s'était flétrie sous la faux de la Mort. Un terrible soupçon vint à la pensée du roi, on crut qu'elle avait été empoisonnée, et les Mémoires du temps ne s'accordent pas tous à cet égard ; la plupart laissent croire à l'empoisonnement, et disent que du fond de l'Italie, le chevalier de Lorraine sut rendre sa vengeance terrible, en envoyant par un gentilhomme provençal, appelé Morel, un poison destiné à la malheureuse princesse ; d'autres assurent qu'elle mourut d'une colique bilieuse.

Henriette d'Angleterre eut quatre enfants : une fille morte en naissant, le duc de Valois, mort à deux ans, Marie-Louise, qui épousa Charles II, roi d'Espagne, et mademoiselle de Valois, mariée au duc de Savoie.

Le corps de la duchesse d'Orléans fut porté à Saint-Denis, le 4 juillet suivant; ses funérailles furent faites le 21 août, avec beaucoup de magnificence. Bossuet, l'Aigle de Meaux, prononça son oraison funèbre, et fit retentir ces paroles mémorables : « O nuit désastreuse,
» ô nuit effroyable, où retentit tout-à-coup
» comme un éclat de tonnerre, cette étonnante
» nouvelle : Madame se meurt, Madame est
» morte ! Qui de nous ne se sentit frappé à ce
» coup, comme si quelque tragique accident
» avait désolé sa famille ? Au premier bruit

» d'un mal si étrange on accourut à Saint-
» Cloud de toutes parts; on trouve tout cons-
» terné, excepté le cœur de cette princesse.
» Partout on entend des cris; partout on voit
» la douleur et le désespoir, et l'image de la
» mort. Le roi, la reine, Monsieur, toute la
» cour, tout le peuple, tout est abattu, tout est
» désespéré; et il me semble que je vois l'ac-
» complissement de cette parole du prophète :
» *Le roi pleurera, le prince sera désolé, et les*
» *mains tomberont au peuple de douleur et d'é-*
« *tonnement.* »

CHARLOTTE-ÉLISABETH

DE BAVIÈRE.

CHARLOTTE-ÉLISABETH DE BAVIÈRE

PRINCESSE PALATINE.

Le caractère que nous allons retracer, forme un grand contraste avec celui des princesses précédentes ; si nous ne retrouvons pas la femme dans ce qu'elle a de gracieux, de touchant et d'aimable, nous y verrons du moins la vertu, belle par elle-même, sans le secours de futiles agréments, et un grand exemple de sagesse au milieu d'une cour brillante et dissolue.

Après la mort de cette charmante Henriette d'Angleterre, le duc d'Orléans songea à se remarier; Anne de Gonzague favorisa le mariage de Monsieur avec Charlotte-Elisabeth de Bavière, fille de l'électeur palatin Charles-Louis, et de Charlotte de Hesse-Cassel. La jeune princesse, née au château de Heidelberg le 27 mai 1652, avait été élevée avec beaucoup de soin, par son père qui développa en elle les qualités profondes beaucoup plus que les avantages légers et frivoles appréciés à la cour du grand roi, mais qui étaient inconnus chez les princes allemands. Charlotte était dépourvue de beauté, elle le dit elle-même dans ses Mémoires, et se servant d'une coquetterie bien opposée à celle des autres femmes, elle semble exagérer sa laideur, en parler sans cesse, afin d'empêcher les autres de la remarquer: « Il faut que je sois cruellement laide, disait-elle, je n'ai jamais eu aucun trait passable. Mes yeux sont petits; j'ai le nez court et gros, les lèvres longues et plates; il n'y a pas là de quoi former un visage fort agréable. J'ai de grandes joues pendantes, une figure longue et je suis très petite de stature; ma taille et mes jambes sont grosses; somme totale je dois être un petit laideron, et si je n'avais un assez bon caractère, on ne me supporterait, je crois, nulle part. Si quelqu'un s'avisait de juger par mes yeux si j'ai de l'esprit, il faudrait qu'il prît un microscope ou de bonnes lunettes; ou plutôt il devrait être sorcier pour en juger ainsi. »

L'éducation de Charlotte fut aussi par trop masculine et développa en elle des goûts peu en rapport avec son sexe; elle avoue que dans sa jeunesse elle aimait mieux s'amuser avec des fusils, des épées et des pistolets, qu'avec des chiffons et des poupées, et qu'elle ne regrettait rien tant que de ne pas être garçon.

Charlotte avait dix-neuf ans lorsqu'elle épousa le duc d'Orléans en 1671; elle dut à son entrée en France se faire catholique et abandonner le culte protestant; elle eut une conférence avec trois docteurs qui différaient d'opinion sur quelques matières de controverse; elle parla souvent de leurs doctrines avec tant de légèreté, que l'on put croire qu'elle avait conservé un secret respect pour le calvinisme; elle fit une abjuration solennelle, suivie de sa première confession et de son mariage, de sorte que mademoiselle de Montpensier observe dans ses Mémoires, qu'il semblait à bien des gens qu'elle avait fait beaucoup de choses en un jour.

Le caractère de la nouvelle Madame se dessina promptement; railleuse et spirituelle, elle ne put voir les désordres de la cour sans témoigner l'éloignement qu'ils lui inspiraient; elle avait une franchise hardie et presque brutale, qui lui fesait jeter le sarcasme à pleines mains sur tout ce qui lui semblait en dehors de la règle et du devoir; sa fierté était inflexible, et conservant tous les préjugés allemands, elle ne voyait rien au-dessus de la maison des comtes palatins, ne rêvait que noblesse, grandeur et blason, répétant à qui voulait l'entendre, qu'elle avait dérogé en s'alliant au petit-fils de Henri IV.

Charlotte plut au roi Louis XIV, il lui reconnut un cœur droit et une sincérité peu commune à la cour, il lui donna des fêtes splendides qui se succédaient chaque jour; elle eut plus de peine à conquérir l'affection de son époux, et pourtant ce que n'avaient pu faire ni l'esprit, ni les charmes d'Henriette d'Angleterre, la Palatine l'accomplit par une grande patience, en s'initiant au caractère de Philippe, en l'aimant véritablement, et en acquérant de jour en jour plus d'empire sur son esprit. « Il m'a fait beaucoup souffrir dit-elle, mais je l'aimais, et j'étais parvenue par mon constant attachement à le faire convenir de ses faiblesses, et à en rire avec lui. » En effet, le duc d'Orléans avait des goûts en tout opposés à ceux de sa femme; il n'aimait ni les chevaux, ni la chasse, et recherchait le jeu, les danses et la parure, comme l'aurait fait une femme délicate et légère.

Madame eut deux enfants : Philippe et Elisabeth-Charlotte d'Orléans, elle les aima beaucoup, et veilla sur eux autant que le lui permit l'usage de ce temps qui enlevait aux princesses la direction de leurs enfants ; son cœur fut cruellement déchiré lors de l'affreuse invasion du Palatinat par les armées françaises, et les désastres de cette malheureuse contrée, fruits de la politique cruelle du ministre Louvois, lui causèrent une bien vive douleur. Ah! que l'on taise pour la gloire du règne de Louis-le-Grand, le Palatinat tout entier livré aux flammes, deux villes et vingt-cinq villages incendiés, les habitants réduits au désespoir, et que l'on oublie que le grand nom de Turenne se trouve mêlé à cette page effrayante de notre histoire. Mais ce n'était pas assez, et quinze ans plus tard Louvois osa proposer de brûler une seconde fois le Palatinat, afin de mettre un désert entre la France et ses ennemis ; Louis s'y refusait, mais l'implacable ministre éluda les ordres du roi, et de nouveau la terreur et la désolation furent portées dans ce malheureux pays. Charlotte ne murmura pas, mais elle ressentit un chagrin profond qu'elle exprime d'une manière touchante: « Dès que l'on parle de brûler, d'incendie, les cheveux me dressent; je sais dit-elle, comme on en a usé à l'égard de ce pauvre Palatinat. Pendant plus de trois mois, dans mes rêves, je voyais toujours tout Heidelberg en flamme; cela a manqué me faire tomber malade. »

Presque toutes les femmes étaient alors oisives, la duchesse d'Orléans au contraire, aimait les sciences, les lettres, et passait presque tout son temps à écrire; elle avait une correspondance suivie avec ses parents d'Allemagne, où elle censurait tout ce qui se passait en France: le dimanche elle écrivait à sa tante, l'électrice de Hanôvre, qui l'avait élevée; le lundi en Savoie et en Espagne, le mercredi à Modène, le vendredi en Lorraine; les autres jours étaient employés à des lettres accidentelles ; elle étudiait beaucoup et s'était formé un cabinet qui renfermait une riche collection de médailles. Cette vie active et occupée surprenait tout le monde, d'autant plus que la duchesse ne se mêlait point des affaires publiques ; madame de Montespan s'en étonnait, et Charlotte lui répondait franchement qu'elle aimait son repos par dessus tout, « et quand je songe, disait-elle, que vous qui avez cent fois plus d'esprit que moi, vous n'avez pu vous maintenir à la cour que vous aimiez tant, qu'y ferais-je, moi, pauvre étrangère, qui n'entends rien aux intrigues et qui ne les aime point ? »

Le duc de Chartres, fils de Madame, avait reçu une éducation différente de celle des princes du sang ; l'abbé Dubois fut son précepteur et lui donna malheureusement des principes d'impiété. Charlotte détestait le faux semblant de religion qui animait les esprits à la fin du règne de Louis XIV, lorsque ce grand roi devenu plus dévôt, s'abandonna à la domination de madame de Maintenon, qu'il avait épousée secrètement. La Palatine eut le tort d'approuver en quelque sorte les maximes irréligieuses et déshonnêtes qui entourèrent la jeunesse du duc de Chartres, et de voir une liberté franche et hardie, là où il y avait une corruption réelle. Elle commit peut-être cette imprudence en haine de madame de Maintenon, qu'elle appelait *la vieille*, et qui étalait une grande dévotion. Louis XIV eut souvent à opposer sa médiation entre ces deux femmes qui se détestaient; mais le vieux roi rendait cependant justice à la sincérité de tous les sentiments qui animaient sa belle-sœur, et répétait souvent : Il n'y a que Madame qui ne s'ennuie pas avec moi.

Le duc de Chartres ne pouvait plaire au roi et venait rarement à Versailles ; il préférait à l'étiquette et aux grandeurs, les études qu'il fesait, en se livrant avec passion à la physique et à la chimie; Louis XIV conçut la pensée de marier Mademoiselle de Blois, la seconde fille qu'il avait eue de madame de Montespan, à ce jeune prince; il voulait relever ses enfants naturels, et faire oublier leur naissance par des alliances avec les branches de Condé, Conti et Orléans. La volonté du roi était si grande, que Monsieur, habitué dès l'enfance à courber la tête devant l'autorité de son frère couronné, n'osa faire de résistance, quoique ce projet ne lui plût peut-être pas; mais quand Louis XIV avait annoncé sa décision, rien ne devait lui résister, car il fut en France le représentant de la royauté absolue, et résuma en lui-même tous les pouvoirs du royaume, lorsqu'il s'écria: *L'Etat, c'est moi*. Il fut plus difficile d'amener Madame à un tel consentement, Charlotte avait la bâtardise en horreur, et lorsque le duc de Chartres lui parla de ce mariage, elle lui donna un soufflet pour toute réponse.

Cette union eut lieu cependant, malgré la vive opposition de la Palatine; elle finit par s'accoutumer à une pensée qui l'avait tant révoltée, et traita fort bien sa belle-fille, qu'elle plaignait souvent en blâmant la conduite du duc de Chartres à son égard ; peu de temps après, sa fille Elisabeth-Charlotte épousa le duc de Lorraine ; Madame lui écrivit souvent, elle était fort satisfaite de la voir mariée à un prince allemand, tant elle avait conservé de prédilection pour son pays ; elle n'aimait que la nourriture substantielle de la vieille Allemagne, et disait que le jambon et les saucisses lui raccommodaient l'estomac ; elle avait un profond dégoût pour les nouvelles découvertes du thé, du café et du chocolat.

L'année 1701 vit mourir le duc d'Orléans, frappé d'une attaque d'apoplexie, à l'age de soixante et un ans; ce fut une grande douleur pour Charlotte, car cet époux qu'elle avait eu tant de peine à amener à elle, et dont elle avait étudié le caractère pendant trente années, elle le perdait au moment de recueillir le prix de sa longue patience et de sa sincère affection. « Pendant les trois dernières années, dit-elle, je l'avais entièrement gagné; il avait même déclaré à tous ses favoris qu'il ne souffrirait plus qu'on lui parlât mal de moi, et qu'il avait en moi une confiance sans réserve. J'avais travaillé pendant trente années pour acquérir ce bonheur; à peine en jouissais-je, que Dieu m'enleva mon cher prince. »

La mort de Monsieur affligea vivement le duc de Chartres, qui prit alors le titre de duc d'Orléans; Madame comprit que les intrigues de tout genre allaient contribuer à lui faire perdre le rang qu'elle occupait à la cour; le roi lui ayant demandé si elle voulait se retirer dans un couvent de Paris, ou à Maubuisson, la princesse répondit qu'ayant l'honneur de faire partie de la famille royale, elle comptait rester à la cour; Louis XIV sentant bien que le caractère arrogant et fier de la Palatine serait toujours déchaîné contre madame de Maintenon, poussa Madame dans ses derniers retranchements, lui fesant avouer la haine qu'elle portait à celle qui était unie au roi par des liens secrets, mais légitimes; Charlotte prouva au monarque qu'elle lui était dévouée, et ne craignait rien tant que de perdre son amitié; Louis XIV enchanté, et peu habitué à cette franchise, obligea les deux ennemies à se réconcilier, et une sorte de concorde s'établit en apparence.

C'est que Charlotte connaissait bien la cour, son esprit observateur avait recueilli tout ce qui s'y trouvait de faux et de trompeur; rarement mêlée aux intrigues, aux petites ambitions, elle regardait en spectatrice railleuse, tout ce qui l'entourait, et s'amusait à exhaler ses sarcasmes dans sa correspondance avec l'Allemagne; ce théâtre mobile, toujours changeant selon le vent de la faveur, ne lui inspirait qu'un profond mépris; elle connaissait la dureté qui souvent se cachait sous de mielleuses paroles, et craignait que, reléguée à deux journées de la cour, on ne l'y laissât mourir de faim et que sa retraite ne parût une disgrâce.

La pension de Madame fut fixée au moment de son veuvage à 456,000 livres, c'était peu pour soutenir le grand éclat de sa maison, mais elle sut l'administrer avec tant d'ordre, que jamais elle ne demanda aucun secours à son fils ; le plus bel éloge qu'on peut adresser à cette princesse, c'est qu'elle était si charitable qu'elle pouvait être regardée comme la mère des pauvres, et que ne voulant pas solliciter à la cour, ni pour elle, ni pour ses courtisans, elle ne refusa jamais d'employer son crédit, lorsqu'elle le croyait utile à ceux qui savaient se rendre dignes d'intérêt, et mériter ses bienfaits. Louis XIV eut presque toujours avec elle, des altercations vives et emportées ; elle ne cédait jamais, croyant avoir le bon droit, et elle avait fini par plaire tellement à ce prince qui, en vieillissant devenait sombre et ennuyé, qu'il trouvait des charmes dans la société de sa belle-sœur. Le soir, ce roi, qui avait vu mourir toute sa famille, et qui pleurait cette jeune et intéressante duchesse de Bourgogne, la seconde dauphine, enlevée à la fleur de son âge, ce roi tombait dans un profond abattement, et n'était plus amusable, selon l'expression de madame de Maintenon. Madame, alors, l'entretenait et cherchait à le distraire de sa tristesse ; elle contribuait de son mieux à éloigner les sinistres pensées de ce monarque, qui arrivait au tombeau, après avoir vu s'éteindre peu à peu autour de lui, toutes les gloires qui avaient illustré son règne.

Il mourut enfin, après soixante-et-douze ans de règne, et la régence fut donnée au duc d'Orléans ; le jeune Louis XV, arrière-petit-fils du grand roi n'avait que cinq ans. Madame vit avec un grand contentement l'élévation de son fils, mais fidèle au plan qu'elle avait toujours suivi, jamais elle ne se mêla de la politique, et ne se servit de son crédit que lorsqu'il pouvait être utile aux malheureux ; alors son insistance était grande, et toujours elle voulait obtenir ce qui lui semblait juste et utile. Après la mort de Louis XIV elle fit une visite à madame de Maintenon, qui s'était retirée à Saint-Cyr, mais ces deux femmes qui avaient eu tant de sujets d'animosité, sentirent qu'un reste d'amertume était conservé dans leur cœur, et cette entrevue ne fit que leur prouver que rien n'était oublié.

Si la fortune souriait à la maison d'Orléans, Madame prouva bien qu'elle était à la hauteur de son élévation, par les conseils qu'elle donna au Régent; Philippe d'Orléans avait été sur le point de voir son autorité méconnue par les cabales des princes légitimés; Charlotte montra de l'énergie en représentant à son fils qu'un véritable prince du sang ne doit jamais se relâcher de ses droits, mais en même temps elle le porta à la clémence comme la plus douce satisfaction d'un vainqueur. Le Régent conserva toujours une grande déférence pour sa mère qu'il aimait et respectait profondément. Il ajouta

150,000 livres à sa pension, mais cette princesse ne changea rien à ses habitudes, et n'augmenta point le luxe de sa maison.

On sortait d'une période de dévotion, qui a peut-être mérité le reproche de n'être pas entièrement sincère ; car toujours les courtisans imitent l'exemple des rois, et Louis XIV, devenu triste et morose à la fin de ses jours, avait été entouré de conseils austères et peu propres à la tolérance ; la réaction fut malheureusement trop forte, l'impiété parut au grand jour, et des désordres de tout genre ont laissé un souvenir qui frappe d'un stigmate honteux l'époque de la régence.

Madame aimait son fils plus que tout au monde ; elle désapprouvait ses erreurs, mais l'amour qu'elle lui portait et qui allait jusqu'à la plus grande indulgence, lui voilait une partie de la vérité ; les défauts de ce prince étaient pour elle de brillantes qualités ; elle favorisa beaucoup Law, cet écossais dont le système de finances produisit tant de boule versement dans le royaume, et affligée des bruits sinistres qu'elle recueillait contre le Régent, elle ne put réprimer ses craintes, et lui fit les plus justes représentations en l'engageant à sortir toujours accompagné d'une nombreuse escorte ; mais le prince se riait de ses craintes maternelles, et augmentait les terreurs de la duchesse, en continuant de sortir sans gardes ; Madame craignait toujours qu'il ne fût assassiné.

Louis XV ayant atteint sa majorité, le duc d'Orléans devint ministre. Madame dont la santé s'affaiblissait, consentit cependant à assister au sacre du roi à Reims, mais elle revint malade de ce voyage, et le 5 décembre 1722, une complète hydropisie se déclara. Son confesseur lui ayant annoncé qu'elle devait se préparer à mourir, elle se montra résignée, s'affligeant seulement de la douleur du duc d'Orléans. En effet, ce prince ne quitta point son chevet jusqu'au moment de sa mort, arrivée le 7 décembre. Elle avait fait venir près d'elle son petit-fils, le duc de Chartres, et recommanda qu'on ne lui fît point de pompeuses funérailles ; ses dernières volontés furent exécutées avec le plus grand respect.

Son corps fut transporté de Saint-Cloud à Saint-Denis ; Massillon prononça son oraison funèbre, et le peuple consterné fit son plus bel éloge en répétant : « nous avons perdu la mère des pauvres et des affligés. » Les méchants ne respectèrent pas sa mémoire, ils proposèrent d'écrire sur sa tombe : « Ci gît l'oisiveté. » Ce n'était pas seulement contre la douairière d'Orléans qu'était dirigée cette injure, on avait voulu atteindre le duc son fils, par cette conséquence habituelle : l'oisiveté est la mère de tous les vices. Cette calomnie était loin d'être méritée, car on voit peu d'existences plus actives que celle de Charlotte palatine ; elle aimait et protégeait les savants et les gens de lettres, et connaissait les beautés de l'histoire ancienne. Son cabinet des antiques était l'un des plus complets de ce temps ; on y trouvait une riche collection de médailles romaines avec de précieuses inscriptions. Malheureusement il y avait en elle de ces défauts qui ne s'allient point à ces aimables qualités qui doivent faire l'ornement de son sexe. Ses inclinations étaient beaucoup trop masculines, et sa franchise allait quelquefois jusqu'à la brutalité; elle aimait les plaisirs de la chasse, maniait les armes assez cavalièrement et détestait tout ce qui lui semblait faiblesse et dissimulation; son orgueil national était indomptable, elle ne pouvait souffrir les mésalliances, mais resta étrangère aux affaires de l'Etat. « Ce royaume, dit-elle, n'a malheureusement été que trop gouverné par des femmes jeunes et vieilles de toute espèce ; il est temps enfin qu'on laisse agir les hommes. Mon parti est pris ; je ne me mêlerai de rien. En Angleterre, les femmes peuvent régner, mais il faut que la France soit gouvernée par des hommes, si l'on veut que tout aille bien. La mort m'a ravi ce qui m'appartenait.

Pour qui devrais-je me peiner jour et nuit ? Non, je n'aspire qu'au repos ; qu'on me laisse en paix, mon ambition se borne à ce désir; mes jours sont passés ; il ne me reste plus que l'intervalle nécessaire pour tâcher de mourir tranquillement ; et rien de plus difficile que de conserver une conscience bonne et paisible, au milieu d'occupations et d'affaires de cette nature. »

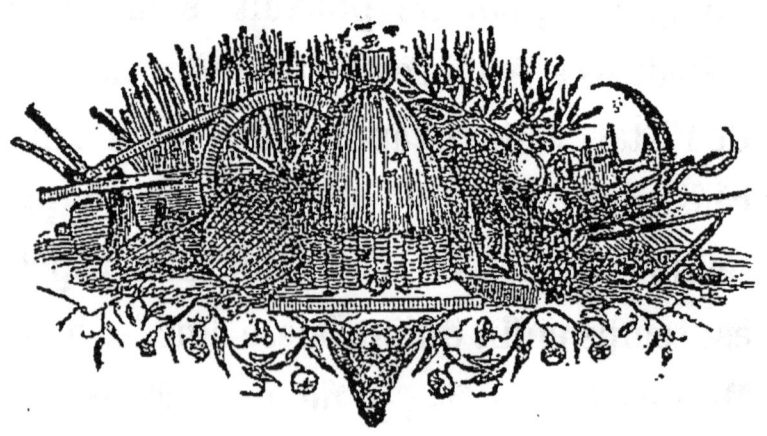

FRANÇOISE-MARIE DE BOURBON,

DITE MADEMOISELLE DE BLOIS.

FRANÇOISE-MARIE DE BOURBON,

DITE MADEMOISELLE DE BLOIS.

ADEMOISELLE de Blois était la troisième fille du roi et de madame de Montespan; sa mère dont la rapide fortune ne fut que le prix du déshonneur, termina sa carrière éloignée de la cour, et paya par l'abandon et l'indifférence qui entourèrent sa dernière heure, le coupable oubli des devoirs les plus sacrés. Ses enfants furent élevés par madame de Maintenon, et

Louis XIV, après avoir délaissé leur mère, ne négligea rien pour les relever à l'égal des fils de France. Ils furent légitimés et s'allièrent aux premières familles du royaume ; rien ne coûtait au roi pour leur assurer le rang suprême dont leur naissance les excluait. Déjà deux princesses, l'une fille de mademoiselle de la Vallière, l'autre de madame de Montespan, avaient été mariées au prince de Conti et au duc de Bourbon-Condé. Madame de Maintenon, de concert avec Louis XIV, fit tous ses efforts pour faire réussir le mariage de mademoiselle de Blois avec le jeune duc de Chartres, neveu du roi. Cette princesse, née en 1677, ne fut point confiée comme ses sœurs aux soins de madame de Maintenon, et le roi tarda longtemps à la faire légitimer, ainsi que son plus jeune frère, le comte de Toulouse. Monsieur de Louvois les fit élever tous deux dans une maison au bout de la rue de Vaugirard, et madame de Maintenon plaça la jeune fille sous la conduite de madame de Montchevreuil, jusqu'à l'époque de son mariage. Mademoiselle de Blois avait une démarche noble, de beaux yeux, une superbe chevelure; la blancheur de sa peau et la finesse de sa taille étaient remarquables, mais une excessive fierté, une nonchalance habituelle, obscurcissaient l'esprit naturel et les qualités dont elle était douée. Madame de Montespan la trouvait moins belle que ses sœurs, et madame de Thianges lui reprochait souvent ses défauts; de bonne heure elle s'entendit blâmer et contracta une si grande timidité, que le roi en fut touché et l'aima particulièrement; aussi lorsqu'elle parut à Versailles, elle vit brûler à ses pieds l'encens des flatteurs et des courtisans. Charmée de s'entendre donner les noms de Vénus et de Minerve, elle se laissait aller à la trompeuse allégorie qui la comparait à la déesse de la sagesse sortant tout armée du cerveau de Jupiter.

Ce mariage ne pouvait plaire à la famille d'Orléans, mais Monsieur, habitué à fléchir sous la volonté de son frère, ne songea pas à opposer de résistance. Le duc de Chartres, âgé alors de dix-huit ans, fut gagné par l'abbé Dubois, chargé de la négociation; et Madame, avec tout l'orgueil et l'aversion que lui avaient toujours inspirés les mésalliances, en témoigna le plus grand mécontement.

Un soir que la cour était réunie, le projet d'union se répandit peu à peu; tous les personnages de cette assemblée avaient un embarras et une contenance mal assurée ; le duc de Chartres jouait aux échecs regardant à peine sa fiancée, des groupes se formaient de tous côtés se racontant la mystérieuse nouvelle. Pour mademoiselle de Blois, à peine sortie de l'enfance et commençant à paraître dans le monde, elle se crut appelée pour recevoir une réprimande; sa parure était fort recherchée, mais la timidité paralysait tous ses mouvements, et craignant d'irriter le roi, elle était si tremblante que madame de Maintenon la prit dans ses bras, cherchant à la rassurer, en lui expliquant ce dont il s'agissait.

Madame se promenait dans une galerie, pleurant et gesticulant, le dauphin et Monsieur jouaient au lansquenet, le duc de Chartres paraissait plongé dans la tristesse, mademoiselle de Blois, quoique âgée seulement de quinze ans, souffrit de cette scène qu'elle regardait comme insultante, et se sentit blessée de l'indifférence de son futur époux; sa fierté naturelle se réveilla ; fille de Louis XIV, elle oublia que sa naissance était illégitime, et crut de son côté que son alliance devait honorer le duc de Chartres ; résolue de suivre la volonté de son père, elle parut s'inquiéter fort peu de l'affection du prince, et répondit à madame de Caylus qui l'interrogeait sur ses sentiments secrets : « Je ne me soucie pas qu'il m'aime, je me soucie qu'il m'épouse. »

Le lendemain de la triste soirée qui avait rendu publique la nouvelle du prochain mariage, la cour alla comme à l'ordinaire attendre la levée du conseil, le duc de Chartres s'approcha de Madame pour lui baiser la main; la princesse encore irritée lui appliqua un soufflet si sonore qu'on l'entendit de toute la galerie. Cependant les préparatifs de noce marchèrent rapidement, et le mariage fut célébré le 18 février 1692. Le roi donna à la nouvelle duchesse de Chartres, un chevalier d'honneur, une dame d'atours, une dame d'honneur et sa maison fut montée avec magnificence. La princesse contribua à maintenir la bonne intelligence entre le roi et sa nouvelle famille. Madame qui avait tout fait pour empêcher cette union, ne garda aucune rancune à sa bru et lui témoigna plus de bienveillance qu'on ne l'aurait pensé. La paresse naturelle de madame de Chartres fut cause, en partie, qu'elle ne sut pas retenir le cœur de son époux; il l'aima d'abord, mais l'arrogance de la princesse ne fixa point son humeur inconstante ; ils devinrent presque étrangers l'un à l'autre, et le duc de Chartres se fit le devoir de traiter sa femme avec tant d'égards et de convenance, qu'elle ne put se plaindre de l'oubli de son rang; de son côté elle servit souvent d'intermédiaire pour apaiser la colère de Louis XIV, qui s'irritait des dissipations de son neveu et l'appelait un fanfaron de crimes.

Peu de temps après son mariage le duc de Chartres retourna aux armées; la duchesse se trouva entièrement maîtresse de ses actions, elle se forma une maison à part, vivant dans la plus grande intimité avec madame de Storce, fille de madame de Thianges qui était sœur de madame de Montespan, et par conséquent sa cousine-germaine; elle aimait peu la représentation qui lui aurait coûté de la fatigue, et préférait rester couchée la plus grande partie du temps; comme elle se plaignait constamment de migraines, on l'endormait en lui fesant la lecture; elle ne put jamais s'initier complètement aux intérêts de la famille d'Orléans, et préférait peut-être l'élévation du duc du Maine, son frère, à celle du duc de Chartres. La cour de Monsieur lui semblait étrangère; à Saint-Cloud, à Paris, elle était tout empruntée, en butte quelquefois à l'humeur de sa belle-mère, et ne trouvant jamais qu'on eût pour elle assez d'égards et d'admiration; aussi quand arriva la mort de Monsieur, elle fut comme délivrée d'un joug oppresseur, elle devint duchesse d'Orléans et mena la vie la plus conforme à ses inclinations. Ses airs de hauteur lui attirèrent bien quelquefois les railleries de son mari, mais renfermée avec madame de Storce, elle vécut assez solitairement, s'occupant de lecture et de quelques ouvrages; souvent elle ne voulait recevoir personne et ses dames même n'osaient entrer près d'elle sans y être appelées.

Elle eut un seul fils et un grand nombre de filles; elle ne s'occupa point de leur éducation, ne sut même jamais quels principes, quels conseils entouraient de jeunes filles belles, spirituelles et abandonnées aux exemples les plus pernicieux. La plupart d'entre elles manquèrent à cette modestie, à cette réserve qui sont le plus bel apanage de leur sexe : l'aînée, qui épousa le duc de Berri, petit-fils de Louis XIV, était l'enfant adorée de son père, et ne connaissant aucun frein, elle s'adonna aux plaisirs et mourut à la fleur de l'âge ; la seconde, qui fut abbesse de Chelles, charmait ses heures de solitude par de singuliers exercices, fesant des fusées, des feux d'artifice et s'amusant à tirer au blanc.

Mademoiselle de Valois, qui fut duchesse de Modène, partit de France avec les regrets les plus immodérés, pleurant à chaque pas qui l'éloignait de sa patrie ; mademoiselle de Montpensier épousa le roi d'Espagne, Louis Ier, fils de Philippe V ; mademoiselle de Beaujolais fut fiancée à l'infant don Carlos, et la dernière devint princesse de Conti. Presque toutes moururent fort jeunes ; hélas ! elles expièrent le court passage d'une vie de plaisirs et de folle liberté. Elles auraient pû avoir une existence noble et digne, mais une éducation solide, une direction éclairée, les principes de religion et de morale manquèrent à leur enfance, et rien ne guida leur esprit et leur cœur. Pendant la régence, la duchesse d'Orléans n'eut aucune influence politique ; cependant au milieu des désordres de la cour, sa fierté naturelle lui donna une noblesse de caractère qui, mieux dirigée, aurait produit d'heureux résultats ; elle fut vertueuse à l'époque où toutes les bienséances semblaient foulées aux pieds, et força le duc d'Orléans à lui accorder son estime et une grande considération ; la retraite volontaire où elle vécut, doit la faire juger plus favorablement, et si elle se montra envieuse d'hommages et de respects, elle pouvait se croire digne de ce culte, en jetant un regard de mépris sur les scandales de la régence.

Mille intrigues se tramaient alors en France autour de la couronne d'un faible enfant souffrant, maladif, et que la mort semblait environner. Louis XV voyait son trône convoité secrètement par les Bourbons d'Espagne, et par les princes légitimés. En relisant tous les mémoires du temps, une voix universelle s'élève pour admirer le Régent qui, accablé de calomnies affreuses, prouva par les soins qu'il prit de l'enfant royal, combien étaient injustes les soupçons qui l'environnaient. Louis XV lui dut l'existence, et si Philippe d'Orléans a mérité d'être justement blâmé dans sa vie privée, si sa politique fut quelquefois hasardeuse et fatale, sa conduite envers le jeune roi fera taire ses détracteurs ; il s'abandonna au système financier de Law, il se montra sévère envers le duc du Maine, il rompit avec l'Espagne pour s'allier à l'Angleterre, il détruisit l'influence des Jésuites : en tout il suivit une route opposée à celle de Louis XIV; mais on se rappelle que les prodigalités de Versailles avaient ruiné le trésor public, que la faiblesse du roi pour ses enfants naturels, pouvait compromettre l'antique loi héréditaire, que la succession d'Espagne faillit perdre la France, que les Stuarts nous donnèrent pour ennemis Marlborough et le prince Eugène, et qu'enfin la révocation de l'édit de Nantes exila un grand nombre de familles qui portèrent à l'étranger leurs richesses et leur industrie. Parmi tant d'obstacles, il était bien difficile que le Régent ne trouvât pas des ennemis acharnés, et ne fût pas exposé aux outrages et aux conspirations. La plus importante fut celle du prince de Cellamare, ambassadeur d'Espagne, d'après les instigations du cardinal Albéroni; il s'agissait d'arrêter Philippe d'Orléans dans une de ses parties de plaisir, et de donner la régence au roi d'Espagne. Les papiers que l'abbé Porto-Carrero portait à Madrid furent saisis, et l'on connut les détails de la conjuration tramée par plusieurs chefs du parti de Cellamare. Le duc et la duchesse du Maine qui avaient pris la part la plus active au complot furent retenus prisonniers, et dans cette circonstance la duchesse d'Orléans, qui aimait beaucoup son frère le duc du Maine, témoigna la plus grande douleur; elle accusa son époux d'injustice, et donna tous ses regrets aux vaincus qui étaient les ennemis du Régent. Le prince lui pardonna facilement, et lui laissa étaler des plaintes souvent injustes; mais Madame qui détestait les ennemis de son fils, ne fut pas aussi indulgente et laissa voir combien les sentiments de sa bru lui déplaisaient; mille circonstances contribuaient à entretenir la mésintelligence, ainsi la duchesse regardait ses filles comme des rivales, et était même jalouse de leurs succès et des présents qu'elles recevaient; son goût pour les bijoux était si excessif qu'elle pleura, dit-on, toute une journée de ce que le régent avait donné de superbes boucles d'oreille à la duchesse de Berri sa fille; aussi Mesdemoiselles d'Orléans aimaient-elles mieux leur père que leur mère. Un jour l'abbesse de Chelles écrivit à sa tante, la duchesse de Lorraine, sœur du régent, et lui confia que son père ayant été contraint d'épouser Mademoiselle de Blois, devait regretter d'avoir pour beau-frère le duc du Maine qui le persécutait sans cesse ; la duchesse lui fit une réponse que Madame remit par mégarde à la duchesse d'Orléans ; celle-ci voyant la manière dont son frère était traité, et prenant pour elle-même les reproches adressés aux princes légitimés, entra dans une grande colère, et ne cessa de témoigner le plus vif ressentiment.

Le Régent voulant faire cesser tout sujet de plainte, augmenta les revenus de la duchesse qui se montèrent alors à quatre-cent-quatre-vingt-mille livres ; il parut même vouloir rentrer dans son intimité ; mais les scènes de dignité qu'elle affectait, ne firent qu'exciter la gaîté du prince qui l'appelait alors en riant : Madame Lucifer ; bientôt le mécontentement de la princesse se manifesta de nouveau, mais elle se retrancha dans une dédaigneuse froideur, pour la conduite de son mari auquel cependant elle ne négligea pas d'adresser les épigrammes les plus mordantes.

Louis d'Orléans, né en 1703, fut le seul fils qui naquit de leur union ; contrairement à ce que l'on aurait pu croire, il fut élevé dans des principes religieux et sévères, et offrit le plus grand contraste avec le caractère de son père; après la mort de Philippe d'Orléans, arrivée en 1723, il voulut d'abord lutter contre l'influence de la maison de Condé, et la duchesse d'Orléans le soutint dans ses prétentions ; sans crédit pendant la vie de son mari, elle domina entièrement son fils, mais elle se lassa bien vite d'une représentation qu'elle avait toujours détestée, et résolut de former la maison de Louis; elle lui fit épouser Auguste-Marie de Bade ; cette jeune et intéressante princesse mourut deux ans après, et Louis d'Orléans se livra tout entier aux sciences et à la dévotion. En 1742 il remit à sa mère le soin de toutes ses affaires, ne se réservant qu'un million par an, dont il distribuait la plus grande partie aux pauvres.

La duchesse d'Orléans mourut le 1ᵉʳ février 1749 ; sa mort passa presque inaperçue ; on peut lui reprocher beaucoup trop d'apathie et de hauteur, mais elle eut avec la beauté de sa mère, un caractère bien plus heureux, et se distingua par une grande piété et une modération qui l'éloigna toujours des affaires politiques.

AUGUSTE DE BADE.

AUGUSTE DE BADE.

Auguste-Marie-Jeanne de Bade, était fille de Louis Guillaume prince de Baden-Baden, et de Françoise-Sybille de Saxe-Lauwenbourg ; elle naquit le 10 novembre 1704, et perdit son père à l'âge de trois ans. Sa mère l'éleva avec beaucoup de soin ainsi que ses frères, et fit tous ses efforts pour relever la grandeur de leur maison par les alliances les plus brillantes ; lorsque le roi Stanislas Leczinski,

après avoir perdu son protecteur Charles XII roi de Suède, se vit enlever le trône de Pologne, il fut réduit à implorer les secours des petits souverains d'Allemagne, et proposa sa fille Marie Leczinska au fils de la princesse de Bade, qui rejeta cette proposition comme peu avantageuse, mais qui fut très flattée de donner sa fille Auguste au duc Louis d'Orléans, fils unique du Régent, premier prince du sang et que les plus belles vertus honoraient plus encore que son rang et sa naissance.

La duchesse d'Orléans douairière, contribua beaucoup à ce mariage qui terminait les luttes entre les familles d'Orléans et de Bourbon-Condé; il avait été question de marier mademoiselle de Vermandois, sœur du prince de Condé, au duc Louis; peu à peu les vues de la maison de Condé devinrent plus ambitieuses; le duc de Bourbon fut nommé premier ministre, et se hâta de faire renvoyer en Espagne l'infante destinée à Louis XV, dans l'espoir de faire épouser au roi sa sœur, Mademoiselle de Vermandois. La duchesse d'Orléans, fatiguée de tant de projets différents, et voulant former la maison de son fils, demanda la princesse Auguste ; elle fut accordée, et monsieur d'Argenson, chevalier de feu le Régent, l'épousa par procuration. La duchesse de Villars-Brancas alla recevoir la fiancée à Strasbourg et le mariage fut célébré le 13 juillet 1724 à Sarry, maison de campagne de l'évêque comte de Châlons, qui donna lui-même la bénédiction aux deux époux.

Auguste de Bade avait de la beauté, de la grace et beaucoup d'amabilité ; le duc d'Orléans l'aima éperdument ; leurs cœurs faits pour comprendre et chérir la vertu, s'entendirent parfaitement ; au milieu des plus mauvais exemples et d'une cour dissolue, ils ne cessèrent de se montrer dignes du rang qu'ils occupaient ; le ciel bénit leur union, par la naissance d'un fils, Louis-Philippe d'Orléans, né le 12 mai 1725.

Les intrigues de cour précipitaient les évènements, et Madame de Prie, favorite du duc de Bourbon ayant été mécontente de Mademoiselle de Vermandois, jura qu'elle ne serait jamais reine de France; peu de temps après, la princesse Marie Leczinska fut demandée pour le roi Louis XV. Louis d'Orléans chargé des pouvoirs de l'État, pour épouser cette princesse, donna une grande fête à Willers-Cotterets. Toute la suite du roi fut traitée avec splendeur, et les curieux attirés par cette magnificence furent accueillis avec la plus touchante bonté. C'était pour la nouvelle reine une fortune inespérée ; fille d'un roi détrôné qui n'avait plus ni courtisans, ni pouvoir, elle monta sur le trône de France, dont ses vertus et sa modestie la rendaient digne; plus âgée que le roi, elle lui inspira d'abord le plus vif attachement, et le jeune monarque dont l'enfance avait été isolée, orphelin au berceau et n'ayant jamais connu que la froide étiquette, trouva dans la tendresse de Marie un bonheur qui remplit quelques années, et qu'il ne goûta jamais quand le vice et les désordres eurent troublé sa vie.

La princesse de Bade avait refusé pour son fils celle qui était devenue reine de France, et voyait sa fille sujette de Marie Leczinska ; elle écrivit alors à celle-ci une lettre assez embarrassée de soumissions et de respects, lui demandant sa protection et sa bienveillance pour sa fille, la jeune duchesse d'Orléans. La reine avait l'ame trop élevée pour s'adonner au moindre ressentiment, et elle aima la princesse Auguste dont elle reconnaissait tout le mérite et les belles qualités.

Madame d'Orléans douairière, qui n'avait jamais eu beaucoup d'action du vivant de son mari, qui jamais ne s'était mêlée de l'éducation de ses enfants, prit une part si active dans tout ce qui concernait sa belle-fille, que cette autorité dégénérait quelquefois en tyrannie. Auguste se montra toujours douce et soumise, et chercha elle-même à dissimuler les torts de sa belle-mère, aux yeux de son époux ; mais elle souffrit intérieurement, et plus d'une fois elle se plaignit de cette terrible étiquette regardée comme le souverain bien, par la froide Mademoiselle de Blois, qui croyait trouver le bonheur dans la pompe et les hommages. Auguste de Bade dont l'éducation avait été soignée, se complaisait dans les nobles plaisirs de l'intelligence. Louis d'Orléans, élevé par le savant abbé Mongault, montrait une disposition toute particulière pour les études helléniques, orientales et religieuses ; l'esprit de la duchesse qui se prêtait merveilleusement aux goûts du prince, lui fesait entrevoir le plus doux avenir, mais il en fut tout autrement. Auguste allait être mère une seconde fois, lorsque se trouvant à Versailles, elle ressentit les premières douleurs de l'enfantement ; sa belle-mère exigea qu'elle vînt faire ses couches au Palais-Royal, elle arriva fort malade et donna le jour à la princesse Louise-Madeleine, le 5 août 1726 ; elle mourut le 8 à vingt-deux ans, laissant le duc d'Orléans inconsolable de la perte d'une épouse aussi accomplie. Son corps fut porté en grande pompe au Val-de-Grace ; la petite princesse dont la naissance avait coûté la vie à sa mère, ne vécut que deux ans. Auguste de Bade qui mourut à la fleur de l'âge, laissa des regrets universels ; cette courte vie si bien remplie, s'éteignit lorsqu'elle aurait dû compter encore un grand nombre d'années ; pieuse et bienfaisante la princesse ne fit que passer sur la terre de France, et les malheureux protégés par elle, sentirent la perte immense qu'ils avaient faite ; au-delà du tombeau, la princesse leur fut utile, car sa mémoire chérie et vénérée, ne quitta plus le cœur du duc d'Orléans. Louis ne pouvant supporter l'éclat de la cour où tout lui rappelait celle qu'il avait perdue, abandonna le monde qui pour lui n'était plus qu'un désert, et au nom de la princesse tant aimée, il combla de bienfaits les pauvres et les affligés dont il fit sa seconde famille; retiré à l'abbaye de Sainte-Geneviève il s'occupa d'études profondes en théologie, apprenant le chaldéen, l'hébreu, le syriaque, le grec, et composa plusieurs ouvrages ; il était devenu tellement étranger au monde, qu'on le trouvait bizarre et mélancolique. Sa charité était inépuisable, sa piété ardente ; il ne sortait que pour visiter les hôpitaux et les églises, et vécut ainsi vingt-six ans après la princesse de Bade qu'il ne cessa de regretter jusqu'à la fin de sa vie. Quand il mourut, en 1752, la reine ne put s'empêcher de dire : c'est un bienheureux qui laisse après lui beaucoup de malheureux.

LOUISE-HENRIETTE

DE BOURBON-CONTI.

LOUISE-HENRIETTE DE BOURBON-CONTI.

Louise-Henriette de Bourbon-Conti, née le 20 juin 1726, était fille de Louis-Armand de Bourbon, prince de Conti, et de Louise-Élisabeth de Bourbon-Condé. Son éducation se ressentit des mœurs du temps, la décadence était rapide, on était loin de cette modeste simplicité, de ce respect de la vertu, de cette piété sincère qui avaient caractérisé les jeunes filles élevées à Saint-Cyr, sous une royale protection, à l'ombre du faste et des grandeurs ; la société se mourait, c'est-à-dire qu'elle allait s'affaiblissant par l'excès même de sa dépravation, et la révolution française devait abattre de sa faux exterminatrice tout ce vieux monde d'erreurs et de préjugés ; mais hélas ! ce fut un martyr qui paya pour tous, ce fut Louis XVI, l'innocente victime, qui mourut pour expier les fautes de ses ancêtres. La jeune Henriette de Conti, si belle, si séduisante, avec un esprit si fin, si délicat, n'avait point reçu ces enseignements sacrés qui marquent à la femme sa mission sur la terre, et qui doivent lui faire ignorer qu'il existe deux sentiers différents, le vice, la vertu ; malheureusement la princesse les considérait comme des mots vides de sens, et c'est avec douleur qu'on trouve sa conduite blâmable, elle qui succédait à cette Auguste de Bade, si aimée, si digne de l'être, sitôt ravie à l'amour de son époux, et qui eut pour belle-fille Adélaïde de Penthièvre, la femme au cœur noble et pur, dont le nom rappelle tant d'infortunes et tant de courage, tant de patriotisme et tant de persécutions, tant d'amour et tant de cercueils.

Louise-Henriette épousa Louis-Philippe, duc de Chartres, fils unique du duc Louis d'Orléans ; ce prince avait déjà signalé son courage et s'était couvert de gloire à la bataille de Dettingen, livrée en 1743 ; à la fin de cette année, le 18 décembre, il épousa la princesse de Conti ; leur contrat de mariage fut signé la veille dans le cabinet du roi, et ce fut le cardinal de Rohan qui leur donna la bénédiction nuptiale. Tous deux jeunes, libres et sans autre guide que leur volonté, furent d'abord très heureux de leur tendresse réciproque ; c'était une passion ardente qui manquait peut-être de la dignité que réclame un attachement aussi grave, et la cour, par mille propos malicieux, par mille remarques fines et railleuses, jetait déjà une espèce de ridicule sur des époux uniquement occupés d'eux-mêmes et de leur amour naissant.

Le duc de Chartres retourna aux armées; sa femme voulut le suivre dans la campagne de 1745, elle ne pouvait le quitter un seul instant; bientôt son affection se refroidit et le plaisir devint la seul but de toute sa vie : folle gaîté, plaisirs bruyants, joie effrénée, tels furent les mobiles de sa conduite; et son beau-père qui vivait pieusement à Sainte-Geneviève, ne put cacher le mécontentement qu'il en éprouvait. Devenue duchesse d'Orléans en 1752, elle se fit remarquer par sa grace et par sa beauté; tout contribuait à la faire briller, elle tenait sa cour avec noblesse; on l'admirait, et ses réparties marquaient un esprit mordant, ingénieux et satirique. Sept ministres s'étaient succédé au poste de contrôleur-général en moins de neuf ans; la duchesse d'Orléans, voulant féliciter monsieur de Laverdy qui la veille avait été nommé à cette place éminente, dit à son envoyé : N'oubliez pas de vous informer au suisse de l'hôtel s'il est toujours contrôleur.

Le vieux baron d'Estelan qui avait été aide-de-camp du prince de Conti, venait toujours après le dîner s'endormir chez la duchesse avec la plus grande régularité. Henriette cherchait quelque bonne plaisanterie à faire à ce visiteur importun, et un soir elle imagina de le coiffer délicatement d'un petit bonnet de gaze, orné de fleurs et de rubans. Que l'on juge de l'effet que devait produire une telle élégance sur une face ridée, surmontée d'une imposante perruque poudrée ; mais ce n'était pas tout, et le baron, réveillé à l'heure du spectacle, traversait les antichambres du Palais-Royal et se rendait à la loge d'honneur, où le public s'étonnait du singulier assemblage de l'uniforme, des armes et des décorations avec la coquette coiffure qui fesait ressortir la balafre qu'il avait reçue à la bataille de Laufeld ; il se fâcha, mais la duchesse ne fit que rire, et le vieux guerrier pardonna cette espièglerie de l'enfant bien-aimée qu'il avait vue naître, et qui lui rappelait ce qu'il devait à son père, le prince de Conti.

La duchesse d'Orléans eut deux enfants : Louis-Philippe-Joseph d'Orléans, d'abord duc de Chartres, et Louise-Marie-Thérèse-Bathilde, qui épousa le prince de Condé et fut mère du duc d'Enghien.

De bonne heure la famille d'Orléans encouragea les idées nouvelles qui pouvaient contribuer au bonheur des Français, et c'est par l'exemple qu'elle a toujours donné les plus grands enseignements ; la petite vérole, ce mal horrible, plus cruel que la famine et la guerre, fesait chaque année de nombreuses victimes ; aujourd'hui l'heureuse découverte de la vaccine a détruit ce fléau de l'humanité, mais au dix-huitième siècle elle était encore inconnue, et l'inoculation fut le premier essai qu'on tenta pour prévenir cette affreuse maladie.

Au mois d'avril 1756, le duc d'Orléans décida que ses deux enfants seraient inoculés ; cette résolution fut généralement blâmée, l'entreprise était incertaine, on n'en avait vu aucun exemple dans les familles princières, et les préjugés combattaient cette innovation comme dangereuse ; la duchesse d'Orléans, ébranlée par les craintes de tous ceux qui l'entouraient, ne put retenir ses larmes, et le duc lui dit alors qu'elle était libre de consentir ou de refuser. La duchesse répondit avec courage : Qu'on les inocule et laissez-moi pleurer. Monsieur Tronchin, fameux médecin, fut chargé de l'opération, qui réussit parfaitement bien ; le duc lui donna dix mille écus et la princesse y ajouta des boîtes d'or et des bijous précieux. Quand les enfants furent guéris, la duchesse parut avec eux à l'Opéra et reçut les plus vifs applaudissements.

La guerre recommença en 1757, le duc d'Orléans revint à l'armée et contribua au succès de la bataille d'Hastenbeck ; le premier courrier qui annonça cet évènement descendit au Palais-Royal, et la duchesse d'Orléans, pour satisfaire la curiosité publique, lut du haut du balcon donnant sur le jardin la nouvelle de la victoire qui fut accueillie par les acclamations de toute la multitude. Lorsque le maréchal de Richelieu eut remplacé le maréchal d'Estrées, le duc d'Orléans revint à Paris, sa présence fut vivement regrettée par l'armée.

La duchesse d'Orléans qui avait passé sa vie au milieu des fêtes et des plaisirs, mourut au Palais-Royal, le 9 février 1759; elle était encore fort jeune, elle entrevit la mort avec courage et ne cessa d'égayer ceux qui l'entouraient par des railleries fines et spirituelles. Sa trop grande légèreté l'empêcha de faire le bonheur de son époux qui, en 1773, épousa secrètement madame de Montesson; ce mariage déplut à la cour et aux princes. Madame de Montesson ne porta jamais le titre de duchesse, et lorsque le duc d'Orléans mourut en 1785, on lui fit défendre de porter son deuil; jamais aux yeux du monde elle ne parut l'épouse du prince; elle mourut en 1806, elle était tante de madame de Genlis, qui fut gouvernante des enfants d'Orléans.

LOUISE-MARIE-ADÉLAIDE

DE BOURBON-PENTHIÈVRE.

LOUISE-MARIE-ADÉLAIDE

DE BOURBON-PENTHIÈVRE.

Louise-Marie-Adélaïde de Bourbon-Penthièvre naquit à Paris le 13 mars 1753. Elle était fille du vertueux duc de Penthièvre, qui se rendit cher au peuple par sa justice et par sa bienfesance, et de Marie-Thérèse-Fortunée d'Est, princesse de Modène. Elle n'eut pas le bonheur de connaître sa mère, qui mourut un an après sa naissance, et ce fut pour elle une perte irréparable, car la duchesse de Penthièvre était un modèle des plus aimables qualités ; pieuse, charitable, elle se sentit mourir, et toujours calme au moment de paraître devant Dieu, son cœur se brisa néanmoins à la pensée d'abandonner un époux affligé, un fils en bas-âge qui conserverait à peine un léger souvenir de sa mère, et elle répétait en couvrant sa fille de baisers et de larmes : ah ! ma chère Adélaïde n'aura pas même une idée confuse de sa mère !

Cette jeune princesse qui annonça de bonne heure les plus heureuses dispositions fut confiée aux soins de madame de la Rochefoucauld, abbesse des Bénédictines de Montmartre, et resta douze ans dans cette abbaye ; ce fut là que se développèrent son heureux naturel et sa sensibilité ; toute portée à l'amitié, elle se lia sincèrement avec mademoiselle de Montigny, depuis baronne de Talleyrand, qui l'aida souvent à supporter des peines bien amères ; la première fut la perte de madame de la Rochefoucauld que mademoiselle de Penthièvre aimait comme une mère, ensuite ce fut la mort du prince de Lamballe, frère de la princesse qui expira à vingt-et-un ans, laissant une veuve, Marie de Savoie-Carignan, la célèbre princesse de Lamballe, qui périt victime de son affection pour la reine Marie-Antoinette, dans les horribles massacres de septembre 1792.

Le roi Louis XV désirait le mariage du duc de Chartres, fils du duc d'Orléans, avec mademoiselle de Penthièvre. Cette alliance convenait aux deux familles; la jeune Adélaïde fut présentée à la cour de France et quitta la paisible retraite où s'était écoulée son enfance, non sans verser quelques larmes; elle laissait là de doux souvenirs et des regrets touchants; son union fut célébrée le 5 avril 1769, et devenue duchesse de Chartres, elle ne cessa de montrer l'exemple des vertus ; toujours occupée des malheureux, sa charité, non pas vaine et fastueuse, mais prévenante et délicate, savait découvrir la retraite des infortunés et soulager ces misères cachées qui gémissent trop souvent dans l'oubli et dans l'abandon.

Adélaïde eut la douleur de mettre au monde une fille morte ; afin de rétablir sa santé, elle partit pour les eaux de Forges et pendant deux ans elle fut dans tous les environs la bienfaitrice des indigents, ayant chargé un dévoué serviteur de rechercher avec zèle tous ceux qui pouvaient mériter des secours ; rien n'aurait égalé son bonheur, si elle avait eu des enfants; enfin le ciel la récompensa et le 6 octobre 1773, elle devint mère d'un prince qui fut nommé duc de Valois, et qui est aujourd'hui notre roi, Louis-Philippe Ier. Deux ans après, elle mit au monde le duc de Montpensier et alla avec son père et la princesse de Lamballe visiter le château d'Anet, dont le duc de Penthièvre venait d'hériter, par la mort du comte d'Eu, son cousin-germain. Peu de temps après les deux belles-sœurs, accompagnées de la comtesse de Genlis, firent un voyage en Hollande.

La duchesse de Chartres aimait tendrement

son époux; elle cherchait en tout à lui être agréable et partageait, pour lui plaire, les goûts du prince pour les études chimiques et scientifiques. En 1776, le duc voulut s'embarquer comme volontaire à bord du vaisseau le Saint-Esprit et résolut de faire visiter l'Italie à la duchesse; ce voyage fut une suite continuelle de triomphe et de plaisirs, le roi et la reine de Naples accueillirent avec joie les illustres voyageurs, et la reine surtout témoigna la plus grande amitié à la duchesse de Chartres, regrettant de n'avoir point de fille pour la donner au duc de Valois; ce vœu, alors tout-à-fait vague et incertain, devait un jour se réaliser.

Cet heureux temps s'écoula rapidement, la princesse traversa l'Italie et rentra en France par la Savoie; peu après elle reçut la visite du frère de la reine Marie-Antoinette, l'empereur Joseph II, qui lui témoigna la plus haute estime; en 1777, elle eut deux filles jumelles, madame Adélaïde et une princesse qui mourut en bas âge ; deux ans après naquit son troisième fils, le comte de Beaujolais; tout semblait alors s'accorder pour lui annoncer d'heureux jours; ses cinq enfants, son orgueil et sa joie, fesaient tout son bonheur, et elle était loin de prévoir les orages qui devaient troubler sa vie.

Le grand-duc de Russie, qui depuis fut l'empereur Paul Ier, vint à Paris avec la grande-duchesse; ils voyageaient sous le nom de comte et comtesse du Nord. Leur séjour en France laissa d'agréables souvenirs dans le cœur de la duchesse de Chartres, qui se rappela toujours la vive sympathie que lui avait inspirée la comtesse du Nord.

En 1785 le duc d'Orléans mourut et laissa son titre à son fils, le duc de Chartres ; Adélaïde, sincèrement attachée à son beau-père fut très sensible à cette perte, ce n'était pourtant que le prélude des maux affreux qui devaient l'assaillir et dont ses vertus admirables ne purent la préserver. Pendant le rigoureux hiver de 1788, elle prodigua ses bienfaits aux malheureux ; le roi Louis XVI répandit des secours abondants, lui-même, il distribua des aumônes à ses malheureux sujets qui, admirant la bonté du roi de France, le bénissaient dans leur cœur ; et cinq ans plus tard ce monarque, victime des fautes de ses aïeux, trop faible pour concilier les partis haineux qui bouleversaient la France, expirait sur l'échafaud, au milieu de ce peuple qu'il avait tant aimé !

La révolution s'avançait à grands pas ; elle frappa d'abord les rangs les plus élevés et se fit sentir rapidement dans toutes les classes de la société, l'émigration commençait de toutes parts ; Adélaïde de Penthièvre se trouva dans la plus cruelle alternative, séparée de ses chers enfants, ayant d'un côté son époux livré à la fougue des passions politiques et de l'autre son vieux père dont la santé s'affaiblissait de jour en jour. Les profusions du duc d'Orléans menaçaient de le ruiner complètement, la duchesse faible et timide ne se plaignit pas, mais elle souffrit patiemment, et tremblant à l'aspect de son époux, elle fuyait sa présence et prit enfin la résolution de se retirer à Vernon, auprès du duc de Penthièvre, pour lui prodiguer tous les soins de la tendresse filiale et chercher dans les conseils de ce bon prince un guide et un appui au milieu de ses cruels malheurs.

Le père et la fille ne devaient pas échapper à la fureur des partis; ils furent arrêtés pendant quinze jours et reçurent ensuite la permission de se retirer où ils voudraient; ils quittèrent la ville d'Eu, pour aller à Radepont, à Anet, puis au château de Bizy. C'est là qu'ils apprirent les affreux massacres de septembre 1792 et la mort cruelle de la charmante princesse de Lamballe; Adélaïde en fut la première instruite et à la douleur d'avoir perdu celle qu'elle aimait si tendrement, se mêla la triste mission d'annoncer au duc de Penthièvre la fin tragique de son infortunée belle-fille; elle comprit qu'elle devait renfermer sa douleur pour ne pas accabler son malheureux père qui, à cette terrible nouvelle, tomba dans un état de langueur qui devait le conduire au tombeau.

Il faut que les vertus du duc de Penthièvre et de son auguste fille aient brillé d'un éclat bien vif et bien pur, puisqu'au plus fort de la révolution, au moment où tout lien moral cessait de retenir un peuple déchaîné contre les nobles qui l'avaient opprimé, on vit les habitants de Vernon rendre un honneur touchant et respectueux au prince et à sa fille; ils plantèrent devant la porte du château le plus bel arbre de la forêt, orné des attributs de la liberté, avec ces simples paroles :

Hommage rendu à la vertu !

Ce calme au milieu des orages ne devait pas durer longtemps, et le duc de Penthièvre n'eut plus de repos après avoir eu le cœur déchiré par la nouvelle de la mort de Louis XVI. Dévoré des plus cruelles inquiétudes, le sort de sa fille l'occupait uniquement, et il l'exhorta à se séparer de biens avec son époux, qui se montrait dissipateur; il mourut deux jours après, le 4 mars 1793, laissant sa chère fille exposée à tous les périls.

Un mois après, la Convention décréta que la duchesse d'Orléans serait gardée à vue dans son château de Vernon ; ses biens furent séquestrés, et rien encore ne put l'empêcher de se livrer à la bienfesance ; ses malheurs n'altéraient point sa bonté, ayant appris que des réquisitionnaires qui se rendaient à l'armée s'arrêtaient à une fontaine pour se désaltérer, elle s'écria qu'ils se feraient mal en buvant cette eau froide, et qu'il fallait distribuer une bouteille de vin à chacun de ces hommes. Ce fait est simple, mais il est digne de remarque. Ainsi, au moment où l'infortune accablait la princesse, elle ne s'abandonnait à aucun ressentiment et étendait sa pitié sur de pauvres soldats que tant d'autres à sa place eussent regardés avec indifférence.

La Convention ordonna la mise en arrestation de la duchesse d'Orléans ; elle fut prévenue de ce nouveau malheur, et se hâta de mettre en ordre quelques affaires secrètes ; lorsque la gendarmerie arriva pour l'arrêter, les habitants opposèrent une grande résistance et voulurent défendre la princesse ; mais Adélaïde, comprenant que ce serait un dévoûment inutile, réprima leur zèle, qui pouvait leur être funeste. Arrivée à Paris, elle fut conduite au Luxembourg, où elle eut à subir les plus affreuses privations. Onze mois s'écoulèrent ainsi. Pendant ce temps le duc d'Orléans mourait sur l'échafaud, et le duc de Montpensier, ainsi que le comte de Beaujolais, était détenu au fort Saint-Jean ; leur frère aîné, le duc de Chartres, devenu duc d'Orléans, après avoir partagé la fortune de Dumouriez, languissait sur la terre étrangère !

La duchesse d'Orléans pouvait s'attendre à subir le sort de son époux ; on donna l'ordre de la transférer à la Conciergerie : c'était un signal de mort ; le dévoûment du concierge du Luxembourg sauva la princesse ; sous prétexte qu'elle était trop malade, il refusa de la remettre aux agents du comité de salut public ; mais si ses persécuteurs ne lui ôtèrent pas la vie, ils s'en vengèrent en l'abreuvant des plus pénibles humiliations. Après le 9 thermidor, elle fut transférée à la maison de santé de Belhomme, rue de Charonne ; son sort s'adoucit un peu, et elle n'eut plus alors qu'une seule pensée, celle de s'occuper de ses pauvres enfants !

Le Directoire consentait à délivrer les princes de Montpensier et de Beaujolais, à la condition que leur frère, le duc d'Orléans, partirait pour l'Amérique ; en Europe, ce prince pouvait inspirer des craintes au gouvernement français. Les jeunes frères qui désiraient voir la fin de leur longue captivité avaient également le dessein de passer dans le Nouveau-Monde ; la duchesse d'Orléans frémissait à l'idée de voir un Océan entre elle et ses fils ; mais leur triste situation l'engagea à tout employer pour les rendre à la liberté, car leur vie pouvait encore être menacée ; elle écrivit à son fils aîné, le priant de quitter l'Europe et lui disant : « Que la perspective de soulager les maux de ta pauvre mère, de rendre la situation des tiens moins pénible, de contribuer à assurer le calme de ton pays, exalte ta générosité. » Le duc d'Orléans s'empressa de répondre : « Quand ma tendre mère recevra cette lettre, ses ordres seront exécutés, et je serai parti pour l'Amérique. »

Le 5 novembre 1796 les jeunes princes partirent pour rejoindre leur frère. La duchesse d'Orléans, qui avait contribué à leur délivrance, sentit qu'elle ne pouvait mieux mériter les bienfaits du ciel qu'en tâchant de répandre autour d'elle des bienfaits et des consolations. Le régime de la terreur s'était un peu modifié ; il fallait cependant encore bien des années avant que la France retrouvât des jours de calme et de bonheur.

Le sort des malheureux détenus s'adoucissait de jour en jour, mais aux horreurs de la captivité, la duchesse d'Orléans vit succéder une peine bien amère pour un cœur sensible, l'exil ! mot triste et froid, qui nous éloigne du pays qui nous vit naître, et qu'un sol étranger ne peut pas remplacer !

Adélaïde de Penthièvre se retira en Espagne, partout sur son passage, elle recueillit les témoignages de la plus vive sympathie, et son cœur se serra à l'idée d'abandonner peut-être pour toujours cette patrie tant aimée. Elle passa quelque temps à Figuères, à Gironne et à Mataro, et fixa ensuite sa résidence à Barcelone ; elle y resta jusqu'au printemps de 1801, et pendant ce temps fit tous ses efforts pour secourir les Français malheureux et proscrits. Trouvant qu'elle était trop éloignée de son pays, elle résolut de s'en rapprocher et retourna à Figuères. Là, elle ne cessait d'adresser de ferventes prières pour obtenir la fin de ses malheurs, et chaque jour elle se fesait conduire sur une petite colline, d'où l'on apercevait les frontières de France.

Une consolation fut enfin accordée à la princesse, au commencement de 1802, elle eut la joie de revoir sa chère fille, Adélaïde d'Orléans, que les évènements politiques avaient jusqu'alors séparée de sa mère. Heureuses d'être réunies, elles se firent bénir par une bonté toujours inépuisable, et six années s'écoulèrent pendant lesquelles la mère et la fille, pieuses et résignées, goûtèrent sinon le bonheur, du moins cette douce satisfaction que donnent toujours le calme de la conscience et l'accomplissement des plus belles vertus.

Mais bientôt arriva l'invasion de l'Espagne par les armées françaises, et Napoléon, à l'apogée de sa grandeur, devait trouver au-delà des Pyrénées la première résistance qui commença par miner insensiblement sa puissance et sa gloire ; le siége fut mis devant Figuères, la duchesse d'Orléans et sa fille, contraintes de s'enfuir, se rendirent à pied par les montagnes au couvent de Villasacra, à plus d'une lieue de la ville; après mille dangers, forcées de traverser un torrent rapide, craignant à chaque instant d'être arrêtées et succombant à une longue fatigue, elles arrivèrent à minuit au couvent, où elles furent obligées de coucher à terre sur des matelas préparés à la hâte.

La guerre continuant toujours sanglante et acharnée, il ne fut plus possible de songer à retourner à Figuères. La duchesse se dirigea vers Terruel-de-Montgris et mademoiselle d'Orléans alla rejoindre à Malte, son frère, le duc d'Orléans; les circonstances exigeaient cette nouvelle séparation, et Adélaïde de Penthièvre se réfugia à Palamos; mais tant de périls sans cesse renaissants, tant d'émotions, tant d'inquiétudes avaient brisé ses forces, elle tomba malade et donna pendant sept semaines les plus vives inquiétudes. A peine un peu remise il lui fallut continuer son voyage, et pour ne pas exposer ses fidèles serviteurs, elle résolut de partir encore faible et convalescente.

Elle s'embarqua pour Taragone sur une mauvaise frégate marchande, mais elle ne put trouver aucune sûreté dans cette ville; obligée de se rembarquer, elle fut assaillie par une tempête, et le gouverneur de la ville ayant aperçu le signal de détresse donné par le bâtiment en péril, envoya un esquif pour sauver la princesse; elle refusa d'abandonner ses compagnons, et ne se rendit qu'avec la promesse qu'on lui fit qu'ils seraient tous sauvés.

Lorsque la mer fut devenue plus calme, la duchesse accepta l'offre d'un capitaine anglais qui lui proposa de la conduire à Mahon, où elle devait être à l'abri de toute atteinte; ce fut là qu'elle retomba malade, des soins empressés la ramenèrent à la vie, mais longtemps encore elle se ressentit des violentes secousses qu'elle avait éprouvées.

Presque tous les biens d'Adélaïde étaient perdus; après avoir bravé les plus grands dangers, elle devait sur la terre étrangère connaître les privations de tout genre. Son angélique douceur ne se démentit pas un seul instant et elle montra toujours une parfaite résignation. En septembre 1809, elle eut le bonheur de revoir sa fille et son fils aîné ; mais, hélas ! des larmes bien amères se mêlèrent à cette entrevue si touchante ; deux êtres chéris manquaient à la réunion de famille : Montpensier, Beaujolais n'étaient plus ! tous deux morts dans l'exil, avaient vu s'éteindre leur existence, l'un à Malte, l'autre en Angleterre.

Le duc d'Orléans désirait impatiemment de voir se conclure son mariage avec la princesse Amélie, fille du roi de Naples ; pour se rendre au plus cher désir de son fils, la duchesse d'Orléans alla en Sicile afin de contribuer à applanir les difficultés qui auraient pu s'élever à ce sujet ; elle rappela à la reine de Naples qu'en 1776 elle avait désiré avoir une fille, pour l'unir au duc de Valois, et que le moment était venu de réaliser un vœu si cher. Après la célébration du mariage, elle resta quinze mois près de ses enfants, et vit naître son petit-fils le duc de Chartres, puis elle retourna à Mahon pour se rapprocher de plus en plus de la France. Une nouvelle tempête vint l'assaillir, et pendant cinq jours tout l'équipage fut entre la vie et la mort ; arrivée à Mahon, elle rendit grâce à Dieu qui l'avait encore une fois sauvée, et passa trois années à continuer de protéger les malheureux Français qui se confiaient en sa bonté ; malgré le peu de ressources dont elle pouvait disposer, elle fut toujours la bienfaitrice de tous ceux qui l'environnaient.

Enfin la Restauration arriva ! Adélaïde pouvait rentrer dans sa patrie, et elle s'écria : Je vais revoir cette terre chérie, le berceau de mon enfance ; mais, hélas ! d'affreux souvenirs m'y suivront encore ! Dieu puissant ! éloignez de moi toutes ces sombres images. Elle avait bien mérité le calme qui devait entourer sa vieillesse; le 2 juillet 1814, elle arriva au Lazaret de Marseille, ses yeux se remplirent de larmes, oppressée, tremblante, elle ne put prononcer une seule parole. Ce sol qu'elle foulait aux pieds était celui de son pays! tout était oublié, tout s'effaçait devant cette joie si pure et si véritable.

Pendant son séjour au Lazaret, vingt-neuf matelots français qui avaient été prisonniers en Espagne, et dont la princesse avait obtenu la liberté, demandèrent aux autorités de Marseille la permission de traîner sa voiture; ils l'obtinrent sans peine, et se montrèrent fiers de ramener celle qui, sur la terre d'exil, avait été pour eux une seconde Providence. Partout la duchesse trouva des témoignages d'enthousiasme et de respect; elle visita les établissements de Lyon, et se rendit à Vichy pour voir la duchesse d'Angoulême; enfin le 6 août 1814, elle rentra dans Paris, sa ville natale, après dix-sept ans d'absence !

Le roi Louis XVIII ordonna la restitution

des biens de la princesse, et ses premières paroles, lorsqu'elle apprit cette nouvelle, furent celles-ci : *Je veux que le dixième de mon revenu soit le patrimoine des pauvres.* Elle était toujours la même au faîte des grandeurs comme dans l'infortune, et cependant de nouveaux malheurs devaient encore l'atteindre ; en janvier 1815, elle fit une visite à la duchesse de Duras, comme il gelait beaucoup, elle fit une chute en descendant l'escalier et se cassa la jambe ; son âge rendait cet accident grave ; mais ce n'était pas tout, il fallut encore éprouver de nouvelles inquiétudes, Napoléon était de retour ; le roi, les princes et la famille d'Orléans devaient sur le champ s'enfuir devant l'empereur qui marchait sur Paris. Que faire ? un voyage eût été dangereux pour elle, et rester dans sa patrie l'exposait à bien des périls ; cependant après le départ de tous les siens, elle ne voulut pas quitter Paris, se confiant dans la loyauté de Bonaparte. L'empereur dont les sentiments élevés savaient respecter le malheur, envoya un de ses aides-de-camp à la princesse, pour lui dire qu'elle pouvait être tranquille sur son sort, et que pour plus de sûreté, il lui ferait donner une garde ; elle le remercia et fut traitée avec beaucoup d'égards. Les Cent jours se terminèrent par la défaite de Waterloo, et Napoléon, victime de sa confiance dans le gouvernement anglais, expia par la captivité de Sainte-Hélène, l'effroi qu'il avait inspiré aux monarques de l'Europe, étonnés du génie de l'enfant immortel de la Révolution.

Après la seconde restauration, la duchesse d'Orléans vit enfin des jours paisibles; entourée de ses enfants et de ses petits-enfants, elle goûtait sa plus chère récompense et s'occupait de soins religieux ; elle accomplit alors un vœu qu'elle avait formé depuis bien longtemps, celui de réunir dans un même endroit les cendres de son père et de toute sa famille; elle choisit la chapelle de Dreux pour cette triste destination, et ce fut elle qui posa la première pierre du monument qu'elle fit élever ; cet asile de réunion fut malheureusement ouvert pour sa petite-fille Françoise-Louise-Caroline d'Orléans, qui mourut en 1818, à l'âge de deux ans, et devait s'ouvrir encore plus de vingt ans après, pour une princesse et un prince frappés dans tout l'éclat de la jeunesse et des plus belles espérances !

La santé de la duchesse d'Orléans douairière s'affaiblissait, et un livre qu'un de ses valets de chambre laissa tomber sur sa poitrine, détermina le principe d'une maladie qui devait être mortelle. La princesse souffrit longtemps, et montra la plus grande patience ; la religion vint à son secours et lui donna une grande force morale ; elle mit en ordre ses affaires et fit son testament, elle donna les deux tiers de sa succession à son fils et le tiers à sa fille ; cette différence, approuvée par la princesse Adélaïde, était juste, le duc d'Orléans était le chef de la famille et avait un grand nombre d'enfants ; elle donna à son petit-fils le duc de Penthièvre, qui portait le nom de son père, un souvenir particulier ; ce jeune prince qui devait mourir encore enfant ne put jouir des bienfaits de sa grand'mère ; mais elle n'eut point la douleur de le pleurer, car elle-même expira à Ivry, le 21 juin 1821, après avoir reçu les derniers secours de la religion et donné sa bénédiction à sa nombreuse postérité. Ange de bonté, elle put paraître devant Dieu, les mains pleines des bonnes œuvres qu'elle avait accomplies. Sa mort plongea toute sa famille dans la douleur, et la piété seule put adoucir l'amertume d'une aussi cruelle séparation.

De tous ses enfants le roi Louis-Philippe est le seul existant ; madame Adélaïde, que la France entière respectait et vénérait, a cessé de vivre le 31 décembre 1847. Pendant longtemps exilée et errante en Angleterre, en Suisse et en Espagne, elle fut enfin réunie à son frère et partagea depuis sa bonne et sa mauvaise fortune. L'amitié qu'elle lui porta, les précieux conseils dont elle l'entoura, un dévoûment inaltérable sont ses plus beaux titres aux regrets profonds que sa perte a inspirés à sa nombreuse famille.

MARIE AMÉLIE DE SICILE.

MARIE-AMÉLIE DE BOURBON,

PRINCESSE DES DEUX-SICILES.

MARIE-AMÉLIE de Sicile est fille du roi de Naples Ferdinand IV et de Marie-Caroline d'Autriche, fille de l'impératrice Marie-Thérèse. Elle naquit à Caserte, le 26 avril 1782. Il est difficile de parler de notre reine bien aimée, de cette vie sainte, tant de fois si cruellement éprouvée, et qui, au milieu des tourmentes politiques, a su conquérir le respect et la vénération de tous les Français;

l'éloge s'arrête, car la vérité apprend seule que la première mère de famille du royaume, est en même temps le plus parfait modèle des femmes et des épouses.

De bonne heure Marie-Amélie eut à redouter de grandes vicissitudes ; mais une éducation éclairée l'avait armée de courage ; madame Ambrosio fut gouvernante de la princesse, elle sut lui inspirer les principes les plus solides, et sa tâche fut légère, car les dispositions de son auguste élève la lui rendirent facile ; la religion, si belle, si sublime, fut sentie dès l'enfance par la princesse Amélie, et Dieu qui devait lui envoyer tant d'épreuves du cœur, lui avait donné la force de les supporter et de chercher la consolation dans cette espérance chrétienne, la seule qui ait adouci ses amertumes.

La révolution française marchait à grands pas ; nos succès militaires étonnaient l'Europe entière ; en 1792, l'amiral de la Touche-Tréville, à la tête de la flotte française, parut à

Naples, l'effroi se répandit dans cette capitale; la princesse Amélie avait à peine dix ans, sa famille était en danger, l'avenir s'assombrissait. Plus tard les succès de Bonaparte accrurent leurs périls, et le général Championnet s'empara de Naples. Le roi Ferdinand et la reine Caroline se réfugièrent en Sicile avec leurs enfants, et Marie-Amélie resta longtemps à Palerme auprès de sa mère. En 1800 la reine Caroline s'embarqua avec ses trois filles; elles allèrent à Livourne, puis à Vienne et revinrent à Naples en 1802, pour le mariage de Marie-Antoinette, sœur de Marie-Amélie, avec le prince des Asturies, depuis Ferdinand VII, et celui du prince de Calabre, son frère, avec l'infante Marie-Isabelle. La princesse des Asturies mourut en 1806; cette mort affligea Marie-Amélie qui eut bientôt à pleurer celle de ses deux autres sœurs, l'impératrice d'Autriche et la grande-duchesse de Toscane. Renfermant sa douleur, elle ne cessa de prodiguer à sa famille les plus touchantes consolations, et lorsqu'une deuxième révolution eut forcé le roi Ferdinand à se retirer de nouveau en Sicile, elle rendit à ses parents leur exil moins amer, par la résignation la plus parfaite et par les soins les plus tendres et les plus affectueux; pieuse et charitable, son nom était partout vénéré, et la Sicile entière connaissait et aimait la princesse. Ce fut à cette époque que le duc d'Orléans, accablé de douleur par la perte de ses deux frères, vint à Palerme où il ne tarda pas à ressentir la plus vive sympathie pour les charmes et les vertus de Marie-Amélie; une triste conformité de douleurs avait déjà pesé sur leur vie, la princesse pleurait plusieurs sœurs chéries, le duc d'Orléans n'avait plus que sa mère et sa sœur; leurs cœurs s'entendirent et le roi Ferdinand accorda sa fille aux instances du duc d'Orléans, qui trop fier du choix qu'il avait fait pour ne pas associer à son bonheur la plus aimée des mères, s'empressa d'aller à Mahon pour chercher la duchesse douairière, Adélaïde de Penthièvre.

Enfin cette union si désirée fut célébrée le 25 novembre 1809, et mit le comble à leur félicité.

Le duc d'Orléans ne cessait de penser à la France ; exilé de la patrie pour laquelle il avait combattu dès son enfance, il en suivait les évènements et appelait de tous ses vœux le jour où il pourrait revoir le sol natal ; il fit un voyage politique en Espagne, et à son retour il put serrer dans ses bras son premier-né, Ferdinand, duc de Chartres, né à Palerme, le 3 septembre 1810. Cet enfant né dans l'exil, puis appelé à régner un jour, devait se briser fatalement sur le pavé de Neuilly !

Les évènements politiques se succédaient à Naples, tout devenait confusion, et le cœur de Marie-Amélie souffrait des calamités qui frappaient sa famille, lorsqu'en 1814 un vaisseau anglais apporta à Palerme la nouvelle de la restauration des Bourbons ; le duc d'Orléans vola vers la patrie, heureux de fouler cette terre chérie, et revint bientôt chercher sa famille, composée alors du duc de Chartres et des princesses Louise et Marie. Au mois d'août 1814, ils étaient tous réunis au Palais-Royal; quelle joie de rentrer dans le palais de leurs pères après une aussi longue absence; elle fut touchante et noble, mais elle fut de courte durée, et l'approche de Napoléon força la famille d'Orléans à s'éloigner de la France. Le duc de Nemours était au berceau, la princesse Amélie passa en Angleterre en 1815, et elle y fut l'objet du respect et de la vénération de tous les partis, qui se réunirent pour admirer l'épouse inquiète et la mère éplorée; ce fut pendant ce nouvel exil que naquit, à Twickenham, la princesse Françoise, que la duchesse d'Orléans eut la douleur de perdre à l'âge de deux ans.

Tant d'épreuves avaient consolidé le caractère de Marie-Amélie, elle n'avait plus qu'un but, qu'une ambition, vivre pour sa famille, se consacrer à l'époux dont les destinées devaient être si hautes, mais en même temps si agitées; inspirer à ses nombreux enfants la piété la plus sincère, l'amour de la vertu, l'accomplissement des devoirs les plus sacrés, tel fut tout le mobile de son existence, et ce fut par l'exemple, plus que par les préceptes, qu'elle sut se faire aimer comme la plus sainte et la plus digne des mères.

La duchesse d'Orléans ne revint en France qu'en 1817; dès lors tout heureuse de revoir sa patrie adoptive, elle s'associa aux vues populaires de son époux, qui confia aux colléges royaux l'éducation de leurs fils, en même temps que les princesses recevaient cette direction éclairée, qui fait admirer leurs talents voilés toujours de la plus aimable modestie; la princesse Marie dont les œuvres révèlent un grand artiste, était douce, bienfesante, et parler de ses vertus, c'est réveiller un souvenir de douleur enseveli dans tous les cœurs, c'est rappeler qu'elle ne fit que passer sur la terre, pour y laisser des regrets éternels.

La duchesse d'Orléans a goûté de beaux jours, elle peut être fière de sa nombreuse famille, et les souvenirs de Neuilly doivent toujours trouver un écho dans son ame. Son amabilité, sa bonté, ont su gagner tous les cœurs, et bien souvent elle dut être la cause innocente de l'enthousiasme des partisans du duc d'Orléans, qui lui ont voué le plus inaltérable dévoûment. Lorsqu'elle vit madame de Genlis, qui avait élevé son mari, ainsi que la princesse Adélaïde, elle lui dit avec affabilité : Madame, il y a deux choses que j'aime beaucoup en vous, ce sont vos ouvrages et vos élèves.

Peu d'années avant 1830, Marie-Amélie perdit le jeune duc de Penthièvre, prince de la plus grande espérance ; ce n'était que le prélude des malheurs qui l'attendaient. Devenue reine par la révolution de juillet, elle n'a cessé de mériter l'amour de tous les Français qui la considèrent comme une seconde Providence ; sa charité est inépuisable, les malheureux n'implorent jamais en vain sa protection, et sa piété est l'exemple le plus parfait à imiter.

Quittons-la au moment où elle monte sur le trône, n'ajoutons pas des paroles cruelles car l'avenir lui gardait de terribles épreuves, elle était alors heureuse, Ferdinand et Marie formaient sa plus belle couronne, et une reine, mère infortunée, n'avait pas deux fois senti le glaive des douleurs, atteindre son cœur et détruire ses plus belles espérances.

HÉLÈNE-LOUISE-ÉLISABETH

DE MECKLEMBOURG-SCHWERIN.

HÉLÈNE-LOUISE-ÉLISABETH,

DE MECKLEMBOURG-SCHWERIN.

La princesse Hélène, fille de Frédéric-Louis, grand-duc de Mecklembourg-Schwerin, et de sa seconde femme, Caroline de Saxe-Weimar, naquit à Ludwigslust, le 24 janvier 1814; sa famille, l'une des plus anciennes de l'Allemagne, est alliée aux premières puissances de l'Europe. Son père avait épousé en premières noces Hélène Paulowna, fille de l'empereur de Russie, Paul Ier; de ce mariage naquirent le grand-duc Paul-Frédéric, qui épousa Alexandrine, fille du roi de Prusse Frédéric-Guillaume III, et la duchesse de Saxe-Altenbourg. Mais ces illustres alliances ne peuvent donner un titre de plus à la vénération dont la princesse a su se rendre digne, et ce sont ses moindres droits au respect qu'elle inspire ; française de cœur et d'adoption, elle a voué toutes ses sympathies à la France, et sa nouvelle patrie se fait gloire de la compter au nombre de ses enfants.

La princesse Hélène perdit sa mère à l'âge de deux ans; mais le ciel ne voulut pas qu'elle souffrit de ce malheur, et lui donna pour belle-mère la duchesse Auguste de Hesse-Hombourg, qui l'aima comme sa fille chérie, et lui fit oublier la perte cruelle qu'elle avait faite ; unies par les liens les plus intimes, elles ne se sont presque jamais quittées; la grande-duchesse de Mecklembourg a partagé toutes les joies de la princesse, et lorsque le plus affreux des malheurs eut bouleversé l'existence de Madame la duchesse d'Orléans, elle est accourue mêler ses larmes à celles de la veuve affligée. La princesse, élevée dans la religion luthérienne, reçut une éducation solide et brillante; ce n'était point une instruction frivole, accordée quelquefois par l'usage à celles qui sont placées dans un rang élevé, c'était une science véritable, celle de la vraie grandeur, qui rend la femme forte dans toutes les situations, qui lui fait supporter l'éclat avec dignité, l'adulation avec réserve, l'adversité avec résignation.

Aussi quand Monseigneur le duc d'Orléans fit un voyage en Allemagne, il remarqua la princesse Hélène, et fut frappé de la noblesse de ses sentiments, de son jugement droit et solide, de tout ce qui annonçait enfin l'épouse digne de régner sur les Français. Le 30 mai 1837 le mariage fut célébré à Fontainebleau, et les acclamations de tout un peuple furent unanimes et vraies; Madame la duchesse d'Orléans en fut émue; les fêtes qui se succédèrent sous ses pas, tout en lui causant une joie nouvelle, ne lui furent pas plus douces que les témoignages de respect et d'amour de tous ceux qui l'environnaient.

Dieu avait béni cette union : Monseigneur le comte de Paris, naquit le 24 août 1838, et sa naissance, heureux gage d'avenir, lui promettait une couronne royale en même temps que tous les vœux souhaitaient d'éloigner ce moment ; malheureusement les decrets de la Providence en avaient décidé autrement, et le jeune prince est aujourd'hui notre plus cher espoir, le faible rameau détaché de l'arbre dont un souffle destructeur a brisé la tige.

Il y a quelques années une famille était l'orgueil de la France, qui se reposait de tant de révolutions, et se livrait à l'espérance ; le duc et la duchesse d'Orléans étaient aimés, leur présence était toujours accueillie avec transport, et dans un voyage qu'ils firent dans le midi de la France, les populations se pressèrent au-devant d'eux. Le duc d'Orléans fidèle à son devoir et désireux de suivre une expédition française, partit pour l'Algérie et se sépara de la princesse Hélène ; on connaît les nouveaux succès qui se multiplièrent sous ses pas, il revint victorieux et préservé des balles étrangères au sein d'une patrie tant aimée et d'une famille heureuse et fière de son triomphe. Hélas! qui eût dit alors qu'il aurait mieux valu peut-être qu'il tombât sous les coups des ennemis, enseveli dans sa gloire au milieu de toute une armée!

La naissance d'un second fils, celle de Monseigneur le duc de Chartres, combla de joie le duc d'Orléans qui admirait avec bonheur les deux jeunes princes, qu'il appelait ses petits anges, aussi tout ce qui l'entourait s'associait à cette douce félicité; les fêtes du pavillon Marsan se succédaient rapidement, et l'on se rappelle avec quelle grace et quelle touchante bonté Madame la duchesse d'Orléans en fesait les honneurs; enfin cette ère nouvelle qui promettait tant d'avenir à la France, cet espoir naissant qui nous annonçait tant de beaux jours, devait s'arrêter subitement, et la princesse, au bout de cinq ans de l'union la plus fortunée, allait revêtir le long voile de deuil et s'anéantir sous le poids du plus cruel malheur.

Déjà au mois de mars 1842, madame la duchesse d'Orléans avait été affligée par la mort de son frère, le grand-duc de Mecklembourg-Schwerin, Paul-Frédéric, la plus affreuse catastrophe devait encore marquer cette année si fatale. Au mois de juillet suivant, elle était à Plombières pour prendre les eaux, et le duc d'Orléans devait partir pour le camp de Saint-Omer ; le 13 il allait de Paris à Neuilly prendre congé du roi, lorsque arrivé à l'avenue de la Révolte, ses chevaux s'emportèrent et il tomba de voiture sur le pavé. Tout était dit, et Ferdinand d'Orléans, prince royal, n'avait plus que quelques heures d'agonie !

Il faut se taire sur une telle catastrophe, qui plongea la France dans la stupeur et la consternation, devant ce père infortuné recevant le dernier souffle de son fils aîné, de l'héritier d'un trône, dans la misérable échoppe d'un épicier de campagne ; devant cette mère chrétienne qui pleure son premier-né, et qui courbe la tête avec résignation ; mais que dire de la douleur de la triste veuve, qui apprend à quatre-vingts lieues de là, qu'elle n'a plus d'époux et que ses fils sont orphelins !

Madame la duchesse d'Orléans ne sera pas reine des Français, elle si digne de succéder à Marie-Amélie, a perdu le trône qu'elle devait occuper ; mais ce n'est rien pour elle, la perte d'une couronne ne la préoccupe pas auprès de l'affliction qui l'environne, et si jamais elle ne doit porter le titre de souveraine, elle ne régnera pas moins sur les Français qui l'admirent, et lui vouent le profond respect qui s'attache toujours aux grandes infortunes.

Dès lors il n'y a plus qu'un seul but, un seul espoir dans la vie de la princesse, ce sont ses deux enfants, elle les aime en véritable mère, elle veille sur eux : l'instruction qu'elle a acquise lui sert à les diriger, elle les suit dans toutes leurs études, elle veut qu'ils acquièrent la véritable science, celle qui forme les grands princes, en leur apprenant que la France les attend, qu'elle compte sur eux et qu'ils trouveront toujours des cœurs dévoués et fidèles. Honneur à la femme courageuse qui accepte la mission difficile, mais en même temps sublime que la Providence lui a tracée; sa vie sera grande et célèbre à mesure qu'elle cherche à la rendre humble et cachée; aujourd'hui son nom ne retentit plus que pour annoncer de nouveaux bienfaits; elle aime les enfants du peuple qui seront les sujets de son fils, elle les encourage, elle se fait la protectrice des chants de l'Orphéon, elle dirige les plus suaves inspirations de la jeunesse, et chacun voudrait redire à l'auguste veuve de Ferdinand d'Orléans, que son rôle n'est point achevé, et que la mère du comte de Paris doit attendre les plus réelles et les plus douces consolations.

FIN.

TABLE.

	pages.
Dédicace.	v

VALOIS-DIRECTS.

Blanche de France.	1

VALOIS-ORLÉANS.

Valentine de Milan.	11
Isabelle de France.	59
Bonne d'Armagnac.	79
Marie de Clèves.	89
Jeanne de France.	105

VALOIS-ANGOULÊME.

Catherine de Médicis.	133

BOURBONS-ORLÉANS (Première branche).

Marie de Bourbon-Montpensier.	145
Marguerite de Lorraine.	159

BOURBONS-ORLÉANS (Deuxième branche).

Henriette d'Angleterre.	183
Charlotte-Elisabeth de Bavière.	201
Françoise-Marie de Bourbon.	225
Auguste de Bade.	243
Louise-Henriette de Bourbon-Conti.	253
Adélaïde de Bourbon-Penthièvre.	263
Marie-Amélie de Sicile.	289
Hélène de Mecklembourg-Schwerin.	301

FIN DE LA TABLE.

www.ingramcontent.com/pod-product-compliance
Lightning Source LLC
Chambersburg PA
CBHW060418170426
43199CB00013B/2187